서점 여행자의 노트

서점 여행자의 노트

발행일 ; 제1판 제1쇄 2018년 8월 30일 제1판 제4쇄 2023년 07월 01일
지은이 ; 김윤아 발행인·편집인 ; 이연대
CCO ; 신아람 에디터 ; 곽민해
지원 ; 유지혜 고문 ; 손현우
펴낸곳 ; ㈜스리체어스 _ 서울시 중구 한강대로 416 13층
전화 ; 02 396 6266 팩스 ; 070 8627 6266
이메일 ; hello@bookjournalism.com
홈페이지 ; www.bookjournalism.com
출판등록 ; 2014년 6월 25일 제300 2014 81호
ISBN ; 979 11 86984 77 2 03300

BOOK
JOURNALISM

서점 여행자의 노트

김윤아

: 각기 다른 이야기를 품고 있는 서점들은 고유
의 생명력을 지니고 있다. 좋은 서점은 스쳐 지
나가는 곳이 아니라 평생의 흥미로 이어질 수 있
는 분야를 발견하는 관문이다. 여행도 비슷하다.
좋은 여행은 삶의 태도까지 바꾸어 놓는다. 낯선
경험을 기대하며 떠나는 여행처럼, 열린 마음으
로 서점의 문을 열어 보자. 새로운 세계를 만나
는 여행의 가치를 서점에서 찾을 수 있을 것이다.

차례

모든 소수자를 위한 커뮤니티

프롤로그　　　　　나는 서점을 여행한다

파리의 영미 문학 서점 셰익스피어 앤드 컴퍼니Shakespeare and Company에는 숙박이 가능한 공간이 있다. 오래된 서가 사이에 작은 침대와 세면대가 있고, 한쪽 벽에는 작은 거울도 걸려 있다. 주머니 사정이 여의치 않았던 영미 문학의 대가들이 이 서점을 거쳐 갔다. 정해진 기간 없이 원하는 만큼 머무를 수 있다는 방침은 그 옛날부터 지금까지 지켜지고 있다. 숙박객들은 돈을 내는 대신 서점에서 책을 읽고 글을 써야 한다.

서점의 깊숙한 공간으로 들어가면 더 놀라운 모습이 펼쳐진다. 서점 안에서만 읽을 수 있는 훌륭한 고전 도서들이 진열되어 있기 때문이다. 안락한 소파 옆에 있는 타자기로는 언제든 자신의 영감을 기록할 수 있다. 셰익스피어 앤드 컴퍼니는 단순한 관광 명소가 아니라 영미 문학의 역사와 호흡할 수 있는 박물관이자 도서관이었다. 여행객은 무거운 배낭을 벗어 놓고, 서가 곳곳에 파묻혀 책을 읽고 침대에서 글을 썼다.

단순한 호기심으로 공간을 찾은 방문객을 열성 독자로 만드는 것은 서점의 명확한 가치관, 그리고 이 공간에서만 해 볼 수 있는 경험들이다. 오래된 서점인 줄만 알았던 셰익스피어 앤드 컴퍼니의 숨겨진 매력을 발견한 뒤, 나는 세계 곳곳의 서점을 여행하기 시작했다. 단순히 책을 사고파는 공간이 아니라, 독자와 특별한 이야기를 나누려고 하는 공간을 찾기 위해 여러 도시로 떠났다.

파리에서는 프랑스의 문학과 예술을 전파하는 거리의 서적상을 만났고, 런던에서는 20세기 여성 작가의 잊혀진 작품을 출판하는 서점을 찾았다. 더 멀리 나아갈수록 다양한 목소리로 독자에게 말을 거는 공간을 만날 수 있었다. 개인의 사회적 역할과 책임을 고민하게 하는 공간, 스스로의 취향을 탐색하고 드러내야 하는 공간이 있었다. 할머니의 주방처럼 친숙한 서점, 도시의 응접실처럼 활기찬 대화가 넘치는 서점도 있었다.

뉴욕, 런던, 파리의 개성 있는 서점에서 방문객은 평범한 고객을 넘어 서점의 이웃이자 가족으로, 도시의 시민으로 성장한다. 무엇보다 책을 통해 스스로의 세계를 넓히는 독자가 된다. 세 도시에서 만난 열한 곳의 서점들은 나에게 대화, 연대, 발견, 확장이라는 가치를 알려 주었다. 도시와 시민, 삶과 취향을 다시 한번 생각하게 해 준 소중한 공간, 따뜻한 사람들의 이야기를 독자 여러분들과 나누고 싶다.

1   대화 ; 파리와 뉴욕의 서재

부키니스트 ; 파리를 파는 서적상

프랑스 파리의 중심 시테섬을 관통하는 센강은 여느 강에 비해 대단히 넓거나 깊지는 않지만, 파리를 대표하는 유적지를 휘감으며 고유한 역사를 따라 흐르고 있다. 12세기 중반에 지어진 고딕 건축의 상징 노트르담 대성당, 세계 3대 박물관으로 꼽히는 루브르 박물관과 오르세 미술관, 파리의 상징 에펠탑 모두 센강 변을 따라 자리 잡고 있다. 이들과 어깨를 나란히 하는 강변의 또 다른 볼거리는 초록색 천막을 친 책방들이 늘어서 있는 부키니스트Bouquinistes 거리다. 센강 변에서 책을 파는 사람들, 부키니스트의 낡은 천막 아래에서는 1950년대에 발행된 오리지널《르몽드》매거진이나, 프랑스 작가 콜레트Colette의 초판본을 구할 수 있다.

부키니스트는 작은 책이라는 의미의 독일어 Buch에서 나온 말로, 작은 책을 다루는 사람들이라는 뜻이다. 이들은 초록색 페인트를 칠한 큰 상자 네 개를 매장으로 삼아 장사한다. 세 개의 상자에는 고서적과 희귀본, 절판본 등 다양한 중고 책을 담아 팔고, 나머지 하나에는 신문이나 우표, 엽서 등 기념품을 진열한다. 10미터 간격을 두고 늘어선 책방의 숫자는 240여 곳으로, 거리의 전체 길이는 3킬로미터에 달한다. 이 거리가 특별한 이유는 단순히 거대한 규모 때문만은 아니다. 부키니스트 거리는 파리의 문학과 예술, 역사를 상징하는 공간이다.

부키니스트의 역사는 지금으로부터 약 480년 전으로 거슬러 올라간다. 1539년 프랑수아 1세가 인쇄업자 조합을 폐지하며 개인이 책을 만들어 판매할 수 있게 됐다. 이 시기에 책 보따리를 짊어지고 다니면서 책을 팔던 행상들이 부키니스트의 시초다. 이들은 1607년 퐁네프Pont-Neuf 다리가 완공된 후에 노점 형태로 강변에 자리를 잡았다. 당시 파리 사회에서는 절대 왕정에 대한 시민들의 저항이 빗발치고 있었는데, 부키니스트는 새로운 시민 의식을 담은 책을 판매하며 대중 독서의 확산에 큰 역할을 했다. 그러자 파리시 정부는 출판 시장

센강 변의 초록색 천막 아래서 책과 그림을 파는 부키니스트

을 검열하며 부키니스트를 탄압했고, 1649년에는 퐁네프 다리에서 책을 팔지 못하도록 금지령을 내린다. 부키니스트 거리가 부활한 것은 그로부터 200여 년이 지난 후다. 1859년 나폴레옹은 퐁네프 다리 위의 서적상에게 부키니스트라는 이름을 붙이고, 다른 상인들과 동등한 지위를 부여했다.

그로부터 지금까지 부키니스트는 프랑스 역사의 변곡점을 함께했다. 프랑스 혁명 기간에는 시민 의식을 고취하는 책들을 판매했고, 제2차 세계대전 중에는 프랑스 군인이 독일군의 눈을 피해 비밀 암호를 전달하는 통로가 되기도 했다. 부키니스트 거리는 단순히 책을 거래하는 장소가 아니라, 파리 시민들이 책을 통해 대화를 나누고 토론하는 공동체의 공간이었다. 이런 의미를 살려 부키니스트 거리는 1991년 유네스코 세계문화유산에 등재됐다.

부키니스트는 파리 정부의 허가 아래 운영된다. 자릿세나 수익에 대한 세금은 없지만, 부키니스트 자격을 유지하기 위해서 꼭 지켜야 할 규칙들이 있다. 부키니스트는 2미터 길이의 초록색 상자 네 개만 활용할 수 있다. 어떤 책이든 판매할 수 있으나 신간 도서는 팔 수 없다. 일주일에 최소 네 번은 문을 열어야 한다. 대신 6주가량의 휴가와 3개월의 병가를 사용할 수 있다. 하지만 이런 규칙에도 불구하고 현대식 서점에 비하면 불편한 것이 사실이다. 부키니스트마다 문을 여는 요일이 모두 다른 데다, 비가 오면 영업을 접는다. 운영 시간도 해가 뜰 무렵부터 어두워질 때까지로 느슨한 편이다.

하지만 파리 시민들은 여전히 이 거리를 찾는다. 부키니스트 거리에 가는 이유가 단지 책을 구입하기 위해서만은 아니기 때문이다. 500여 년이나 자리를 지키고 있는 천막 아래에 서면 파리의 역사를 느낄 수 있다. 지식의 독점을 거부하고, 자유로운 책 출판과 거래를 지향하며, 역사의 변곡점마다 귀중한 소통 창구가 되어 준 부키니스트 정신은 여전히 살아 있다. 이 문화에 동참할 수 있다는 매력 때문인지 부키니스트가 되고 싶어 하는 대기자들의 명단은 앞으로 8년 치가 쌓여 있을 정도라고 한다.

최근 서적 구매가 줄어들자, 일부 부키니스트는 기념품 판매 비율을 늘려야 한다고 제안했다. 하지만 파리시는 "기념품을 판매하고 싶다면 상점을 빌리면 된다"며 "중고 서점이 되기를 원하면 부키니스트 거리의 규칙을 존중해야 한다"는 입장을 밝히고 있다.[1] 부키니스트 대부분도 파리 정부의 방침에 동의한다. 부키니스트 거리가 파리의 문화에서 중요한 역할을 한다는 점을 이해하고 있기 때문이다. 부키니스트는 파리시의 보호를 받는 상인이고, 이들에게 중고 책은 파리의 역사를 간직한 소중한 자산이다.

한 사람의 전문 서점

부키니스트 거리에서는 문학, 철학, 예술, 역사 등 다양한 분야의 책을 만날 수 있다. 놀라운 사실은 모든 부키니스트가 자신이 파는 책에 대해 깊이 있는 지식을 갖춘 전문가라는 점이다. 파리시는 부키니스트를 선발할 때 지원자가 판매하고 싶은 분야의 책을 선별할 능력이 있는 사람인지를 중요한 기준으로 삼는다. 선발된 이들은 스스로가 파리의 문화를 전파하는 사람이라는 소명 의식을 가지고 있다. 한 부키니스트는 언론과의 인터뷰에서 "우리는 파리라는 도시의 철학을 공유하고, 다양한 지식을 알리는 존재"라고 말하기도 했다.[2]

《꼬마 니콜라》,《얼굴 빨개지는 아이》 등으로 한국에도 잘 알려진 장 자크 상페Jean-Jacques Sempé의 중고 삽화집을 구하고 있을 때였다. 마레 지구에 있는 프랑스 문학

부키니스트가 책방 문을 여는 시간은 제각기 다르다.

전문 서점 꼼므 언 호만Comme un roman, 1886년에 설립된 파리 최대 규모의 서점 지베르 죈Gibert jeune, 대형 프랜차이즈 서점 프낙Fnac은 물론 헌책 벼룩시장Achat de Livres까지 파리의 대형 서점을 다 뒤졌지만 구할 수 없었다. 기대가 사라져 가고 있을 무렵, 부키니스트 거리에서 한 서적상에게 무심코 상페의 삽화집이 있느냐고 물었다. 그는 이 거리에서 프랑스 문학을 전문으로 취급하는 다른 부키니스트를 찾아가 보라고 했다.

"장 자크 상페의 삽화집이 있나요?"

그가 말한 부키니스트를 찾아가 물었다. 그랬더니 "지금은 없지만 구할 수 있다"고 한다. "집에 있는 책장에서 찾을 수 있을 것"이라면서 말이다. 이 부키니스트의 이름은 샬롯Chalotte이었다. 프랑스 영화와 문학을 전문으로 다루며, 부키니스트 경력만 40년에 달하는 베테랑이었다. 샬롯의 말처럼

책 대신 그림을 판매하는 부키니스트

이들이 판매하는 책은 꺼내 놓은 것이 전부가 아니다. 샬롯에게 다른 책들은 어디에 두냐고 물었더니 "부키니스트라면 누구나 제2, 제3의 공간이 있다"고 비밀스럽게 말한다. 샬롯은 내일모레까지 상페의 삽화집을 구해 주겠다고 호언장담했다.

"내일모레 오세요. 상페의 책을 여러 권 준비해 둘게요. 비가 안 오면 문은 여니까요."

이틀 뒤에 샬롯의 책방을 찾았다. 그녀는 날 기억한다는 듯이 웃으며 상페의 삽화집을 무려 다섯 권이나 꺼내 놓았다. 파리의 어느 대형 서점에서도 만날 수 없었던 책을 부키니스트 거리에서 만날 줄이야. 책 상태와 내용을 살펴보고 세 권을 골라 들었다. 표지는 낡았어도 내지는 깨끗한 책이었다. 누군가 사용한 흔적이 있었으나 시간의 자취라는 생각에 더 정겨운 느낌도 들었다. 중고 책이 아니라 오래된 책이라 부르고 싶은 세 권의 책을 9유로에 구매했다. 샬롯은 책을 구해 준 것도 모자라 상페의 전시회 소식을 알려 주고, 그림체가 비슷한 다른 작가, 파리의 정치 상황을 풍자하는 카툰 등을 추천해 주기도 했다.

문학과 예술을 사랑해 부키니스트가 된 샬롯처럼, 부키니스트는 해당 분야에 조예가 깊은 사람들이다. 한 여행객은 "부키니스트는 각각의 주제에 특화되어 있다"며 "이들은 꽁장한 지식을 가지고 고객과 대화를 나눈다"고 했다. 철학 전문 서적을 다루는 부키니스트 아르노Arnaud는 "부키니스트의 전공을 살펴보는 것도 강변을 여행하는 재미"라고 했다. 그의 말처럼 부키니스트들은 판매하고 있는 책의 분야를 전공한 경우가 많다. 노르딕Nordic은 노트르담 대성당 건너편 시테섬 입구에 있는 서적상으로 포스터와 잡지를 판매한다. 부키니스트가 되기 전에는 화가로 활동했다고 하는데, 새로운 그림이 들어오는 날이면 단골손님을 불러 놓고 그림을 보여 주는 이벤트를 연다고 한다. 그가 파는 작품을 통해 당대에 유행한 화법이나 주제를 감상하는 것도 좋은 공부가 되겠지만, 노르딕만의 관점이 담긴 해석을 듣는 것이 더 흥미롭다.

노르딕은 손님이 그림을 사지 않더라도 개의치 않았다. 파리에 관한 것이라면 무엇이든 흥미로운 질문이라고 생각하

샬롯이 나를 위해 특별히 마련해 준 장 자크 상페의 삽화집

기 때문일 것이다. 노르딕에게 파리에서 꼭 가야 할 장소를 추천해 달라고 했다. 노르딕은 몽마르트르 언덕을 아느냐고 물었다. 의외로 평범한 답변이 나와서 실망하려는 찰나, 몽마르트르의 탄생에 대해 알고 나면 더 재미있을 것이라고 덧붙였다.

몽마르트르는 파리에서 가장 높은 언덕이다. 1871년 프랑스가 프로이센과의 전쟁에서 패하자 시민들은 이 언덕에 모여서 파리 국민 방위군을 결성했다. 프랑스 정부는 휴전 조약을 체결하고 베르사유로 이동해 무장을 해제한 상황이었다. 파리에 남은 것은 시민군밖에 없었다. 이들은 파리 코뮌을 세워 대항했지만, 프랑스 정부는 시민군을 반란 세력으로 간주하고 학살했다. 전쟁이 끝나고 몽마르트르 언덕에는 시민들의 죽음을 기리는 성당이 들어섰다.

포스터와 잡지를 판매하는 노르딕. 부키니스트가 되기 전에 화가로 활동한 노르딕은 미술에 조예가 깊다.

노르딕은 "국가를 지키기 위한 독립 정신의 근원지인 몽마르트르는 부키니스트 정신과 이어진다"며 "부키니스트도 책의 자유로운 거래를 사수하기 위해 절대 왕정에 저항하고 투쟁했다"고 말한다. 파리에서 가장 깊은 강이 파리에서 가장 높은 언덕과 닮았다는 사실은 어디서도 들을 수 없는 설명이었다.

부키니스트 거리에서는 무엇을 묻든 그 이상을 들을 수 있다. 샬롯은 파리에서 가볼 만한 곳으로 소르본 대학 근처에 있는 예술 극장을 추천했다. 또 다른 서적상은 계절별로 풍경을 그리기 좋은 공원과, 노동 서적을 전문으로 다루는 중고 책방을 추천했다. 이 거리를 산책하는 동안 인터넷 서평만으로는 찾을 수 없었던 파리의 명소에 대한 정보를 얻을 수 있었다. 파리시가 이들을 지원하는 이유가 이해됐다. 부키니스트를

부키니스트 중에는 문학과 역사, 예술에 대해 해박한 지식을 갖춘 교수나 철학자, 소설가 출신이 적지 않다.

통해 파리의 예술과 문화, 역사가 전파되고 있기 때문이었다.

영국 방송 BBC는 센강을 '두 개의 책꽂이 사이로 흐르는 유일한 강'이라고 표현했다. 3킬로미터에 달하는 부키니스트 거리를 묘사한 말이다. 하지만 부키니스트는 강변의 책 상자 외에도 보이지 않는 장소에 더 많은 책을 두고 있다. 공식적인 거래 경로는 알려지지 않지만, 파리 전역의 경매소와 수집가, 골동품 시장 등에서 발견한 책들이 많다고 한다. 이들은 파리 시내의 낡은 책들이 어디에서 와서 어디로 이동하는지 속속들이 파악하고 있다. 부키니스트에게는 파리라는 도시 전체가 서가이고, 센강 변은 서가에서 엄선한 책을 꺼내 두는 진열장인 셈이다.

파리 부키니스트 문화 협회Association Culturelle des Bouquinistes de Paris 회장인 제롬 칼레Jérôme Callais는 한 인터뷰에서 "오늘날 서적 판매량이 감소한 것은 사실이지만, 부키니스트는 앞으로도 보존 가치가 있는 파리 문화를 지켜 갈 것"이라고 했다. 이메일이 나와도 편지가 사라지지 않는 것처럼, 부키니스트는 특급 배송 서비스를 제공하는 온라인 서점이나 잘 정리된 서가가 있는 대형 서점 사이에서도 그 자리를 지키고 있다.

센강 변을 거닐다 보면 새로 나온 그림을 보여 주는 노르딕과 한 사람만을 위해 준비한 책을 꺼내 든 샬롯을 만날 수 있다. 철학과 역사, 영화와 문학을 즐기며 글을 쓰고 그림을 그리는 강변의 서적상, 부키니스트들은 누군가 말을 걸어 주기를 기다리고 있다. 부키니스트와의 대화는 상품 소개나 가격 흥정 같은 상인과 손님의 대화에 그치지 않는다. 파리라는 책장에 꽂혀 있는 유구한 역사와 문화에 대해, 개인과 사회의 의식을 확장하는 지식에 관한 대화를 나눌 수 있다. 파리는 우리가 묻는 만큼 더 넓게 펼쳐진다.

하우징웍스 ; 뉴욕의 안목을 기부하다

서점과 서재의 차이는 무엇일까. 서점이 책을 파는 곳이라면, 서재는 책을 간직하는 공간이다. 서재는 개인의 지적 취향과 가치관을 고스란히 드러낸다. 서재를 살펴보면 주인이 오랜 시간 관심을 가지고 전문성을 쌓아 온 분야부터, 최근에 관심을 가지게 된 분야에 이르기까지 한 인물이 축적한 지식의 범위를 파악할 수 있다. 그런 점에서 미국 뉴욕의 하우징웍스 북스토어 카페Housing Works Bookstore Cafe는 서점이 아니라 서재다. 뉴욕 시민들의 기부로 완성되는 책장에는 시민의 관심사, 일상이 고스란히 반영된다. 하우징웍스에 들어서면 나무 선반과 테이블 위까지 가득 채운 도서와 레코드판의 규모에 놀라게 된다. 뉴욕 시민의 컬렉션은 신간부터 고전까지, 문학과 예술, 과학과 만화 등 다양한 분야를 아우른다.

하우징웍스는 찰스 킹Charles King과 키스 실라르Keith Cylar

등 에이즈 운동 단체 액트 업ACT UP 회원 다섯 명이 만든 공간이다. 소외된 이웃을 위해 봉사하기로 한 이들의 미션은 명료했다. 에이즈에 걸렸지만 최소한의 진료도 받을 수 없고, 거주할 공간이 없는 사람들과 함께 사는 것이었다. 이들은 하우징 웍스 북스토어 카페라는 이름으로 비영리 단체를 설립하고, 수익금 전부를 에이즈 환자 치료와 노숙자 직업 교육에 썼다. 지금까지 2만 명이 넘는 사람들에게 약물 치료, 정신 상담, 직업 훈련 등을 제공하며 지역 사회를 기반으로 하는 미국 최대의 봉사 단체로 성장했다.

하우징웍스의 성장 배경에는 시민들의 전폭적인 지지가 있었다. 뉴욕 시민들에게 하우징웍스에 책을 기부하는 일은 다른 중고 책방에 책을 파는 행위와 다르다. 자신의 지적 깊이를 드러내는 일이며 지역의 품격을 만들어 가는 일이다. 그러니 어떤 책을 기부할지 진지하게 고민할 수밖에 없다. 기부된 책들은 모두 누군가의 메시지이자 가치관이다. 내가 하우징웍스에 가기 전 기부하고 싶은 책을 신중히 고른 이유다. 죽음을 앞두고 서로의 꿈을 응원하는 주인공의 이야기를 담은 《미 비포 유Me Before You》, 상실 후에 찾아오는 기적 같은 이야기 《리버 보이River Boy》, 일상에서 전하는 작은 위로가 담긴 시집 《두타연 고양이》까지. 새로운 희망을 품게 되는 이 작품들은 내가 많은 사람들과 나누고 싶은 메시지였다.

하우징웍스는 소호 지점을 포함해 뉴욕 시내에 14개의 서점과 중고품 매장을 운영하고 있다. 중고품 매장의 리사이클링 공정에 근무하는 직원들은 범죄 경력이 있는 전과자거나 은둔형 외톨이, 실업자였던 사람들이다. 하우징웍스는 소외된 이들을 고용함으로써 지역 사회에 공헌한다. 단순한 후원을 넘어 에이즈 환자와 홈리스가 경제 활동에 참여하고, 지식과 능력을 개발할 수 있도록 돕는다. 하우징웍스에 고용된 이들이 손님들에게 보여 주는 밝은 태도는 방문객이 하우징웍스의 미션에 공감하고 동참하게 만드는 동력이다.

하우징웍스 북스토어 카페 전경. 규모는 크지만 가정집에 들어온 것처럼 편안한 분위기다.

서점 안에서 카페를 운영하는 이유도 같은 맥락이다. 하우징웍스는 대화를 하고 모임을 하기에 카페만큼 좋은 장소가 없다고 말한다. 하우징웍스의 카페에서는 에이즈 예방 교육은 물론, 사회 문제에 관해 토론을 나누는 프로그램이 운영되고 있다. 하우징웍스는 작가 초청 행사, 독서 프로그램, 음악 공연, 시사 토론 등의 행사를 열면서 정치, 경제, 문화 등 다방면의 이슈를 공유하는 커뮤니티로 활약한다. 이들의 주간 행사는 공공 방송 프로그램으로 방영되기도 한다. 하우징웍스에서 책을 사고 커피를 마시는 행위는 뉴욕의 이웃이 되는 일이다. 하우징웍스는 자신의 공간을 도시의 응접실처럼 운영하고, 시민들은 호스트의 집을 찾아 이웃들과 대화를 나눈다.

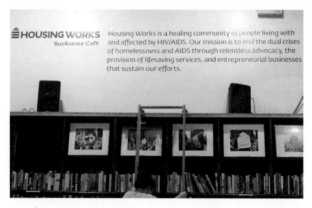

벽이나 화장실 거울 등 하우징웍스 곳곳에는 서점의 사명이 담긴 글귀가 적혀 있다.

책을 기부하고, 커피를 사거나 맥주를 마시는 행위는 공동체 일원으로서의 사회 활동이다.

타인에게 도움을 주고자 하는 사람들이 모인 공간인 만큼, 방문객의 사소한 질문도 그냥 지나치는 법이 없다. 한 서점 직원에게 뉴욕에서 추천하고 싶은 장소가 있는지를 물었더니, 그는 다른 직원들까지 불러 모아 토론 아닌 토론을 벌였다. "새로운 생명을 느낄 수 있는 곳"이라는 설명과 함께 추천받은 곳은 하이 라인 파크High Line Park였다. 하이 라인 파크는 버려진 고가 철교를 공원으로 탈바꿈시킨 뉴욕의 대표적인 도시 재생 프로젝트다. 안전한 보행로와 녹지를 갖추고 철교와 설치 미술품을 전시해 아름다운 공중 정원으로 거듭난 공간은 뉴욕 시민이 자발적으로 참여한 프로젝트라는 의미가 있다. 현재도 뉴욕시가 소유하고 있지만 시민 단체가 관리하고 운영하는 뉴욕의 자랑스러운 공간이다. 지역 주민의 참여를 강조하는 하우징웍스다운 추천이었다.

옆에서 우리의 대화를 들으며 커피를 마시던 손님은 상기된 목소리로 띵크 커피Think Coffee를 추천한다. 공정 무역 원두와 가족 농장에서 생산한 우유를 사용해 커피를 만드는 카페인데, 맛까지 일품이라며 꼭 가볼 것을 권했다. 세후 이익의 10퍼센트를 청소년과 노인을 위한 프로그램을 만드는 데 사용하는 띵크 커피는 2011년 한국에도 지점을 냈다. 하우징웍스의 직원들을 비롯해 이 공간에 머무는 사람들 모두가 마음 깊은 곳으로부터 공공의 이익이라는 가치에 공감하고 있는 것 같았다.

1996년에 문을 연 하우징웍스는 소호가 트렌디하게 변하는 동안 한결같은 모습으로 올곧게 철학을 지켜 왔다. "환경이나 야생 동물 같은 대중적이지 않은 분야의 섹션이 마련되어 있고, 그 섹션을 가장 좋아한다"는 서점 직원 레베카Rebecca의 인터뷰처럼[3] 하우징웍스에는 수만 개의 메시지를 담은 수만 권의 책이 있다. 그리고 이들의 가치에 동참하는 뉴욕 시민들이 있다. 하우징웍스는 뉴욕 시민들이 지향하는 가치관이 공유되는 지식의 장이다. 책을 파는 이들과 책을 사는 사람들 모두가 지역 사회에 선한 가치를 전파하고 있다.

시민으로 성장하기

서점에 머무는 내내 코끝에 커피 향이 닿았다. 카페를 겸한 서점들이 보통 책을 읽는 공간과 커피를 마시는 공간을 구분하는 것과 달리, 하우징웍스는 책이 있는 곳이라면 어디든 테이블이 있다. 커피를 마시며 책을 읽고 동시에 다른 사람과 대화를 나누기에 제격이다. 하우징웍스는 책에다 커피를 쏟거나, 테이블이 방문객의 동선을 방해하는 상황을 염려하지 않는다.

오히려 카페와 서가, 테이블과 복도의 경계가 없는 자유로운 공간이 방문객 각자가 지켜야 할 매너를 상기시켜 준다고 믿는다. 하우징웍스는 일방적으로 공간을 통제하는 대신 손님들이 서로를 배려하는 이웃이 되기를 권한다.

하우징웍스를 찾는 손님들도 서점의 이러한 철학을 이해하고 있다. 서점 직원 레베카는 "하우징웍스를 찾는 고객은 책을 사는 이유를 알고 있고, 서점의 가치를 실현하고 있다"며 "하우징웍스는 단순히 제품과 서비스를 파는 곳이 아니다. 우리의 가치를 공유할 사람들과 함께 긍정적인 문화를 창조하는 공간이다"라고 말했다.[4] 독서 모임 이벤트에 참여한 한 블로거는 "모든 사람이 행사 준비를 위해 자발적으로 테이블을 옮기는 모습이 인상적이었다"며 "참가자는 정중하고 예의 바른 모습을 보였다"는 후기를 남기기도 했다.

하우징웍스는 2020년까지 뉴욕에서 에이즈를 퇴치하고, 2025년까지는 미국에서, 2030년까지는 세계에서 에이즈 종식을 선언하는 것을 목표로 삼고 있다. 이를 위해 시민들의 참여를 독려하고 있다. 미션에 공감하는 시민들은 서점에서 기업 행사나 이벤트, 심지어는 결혼식을 열며 행사에서 발생하는 수익금을 기부한다. 서점의 독자로 그치지 않고 기부자로 성장하며 사회 운동에 동참하는 것이다.

서점에서 고른 책을 골라 카운터에 가면, 직원이 다정한 목소리로 묻는다.

"이 상품의 가격은 9달러지만, 1달러를 추가로 기부할 수 있습니다. 동참하지 않으시겠어요?"

그의 말을 듣고 카운터 옆의 메시지를 발견했다. '하우징웍스의 모든 수익은 노숙자와 에이즈 감염자를 돕는 데 사용합니다. 하우징웍스에서의 구매는 선한 행위입니다.'

하우징웍스를 방문하고 돌아와 에이즈에 관한 정보를 찾아봤다. 뉴욕시 보건국이 2017년 발표한 에이즈 환자 분석 보고서에 따르면 에이즈 환자는 2010년 3432명에서, 2016년 2279명으로 꾸준히 줄고 있다고 한다. 나처럼 평범한 시민이 에이즈에 관심을 갖게 만들었다면, 하우징웍스의 미션은 성공한 것이라는 생각이 들었다. 뉴욕에서 살지도 않고, 잠시 서점에 들렀을 뿐인 여행자의 태도를 바꾸었으니 말이다.

하우징웍스는 서점과 카페 공간을 분리하지 않는다. 카페와 서가의 구분이 없는 공간이 방문객이 지켜야 할 매너를 상기시켜 준다고 생각하기 때문이다.

서점의 가치에 동참하는 방법은 다양하다. 뉴스레터를 구독할 수도, 책을 사거나 기부할 수도 있다. 카페에서 진행되는 프로그램에 참여하거나 음료를 마실 수도 있다. 책을 사고 남는 잔돈을 받지 않고 기부하는 것도 가능하다. 이 공간에 머물다 보면 나의 존재가, 삶이 사회와 무관하지 않다는 사실을 깨닫게 된다. 그리고 자연스럽게 사회를 위한 선한 행동에 동참하게 된다.

하우징웍스는 방문객이 서점에서 나가는 그 순간까지 행동하고 실천할 것을 촉구한다. 나는 서점을 나오면서 에이즈 예방을 강조하는 취지의 콘돔을 받았다. 하우징웍스는 개인이 지역 사회의 발전에 얼마나 중요한 존재인지를 끊임없이 되새기게 한다. 방문객은 독자에서 후원자가 되고, 여행객에서 뉴욕의 이웃이 되는 과정을 겪는다. 나의 서재에 두고 싶은 책을 신중하게 고르는 것처럼, 시민들은 뉴욕 사회의 품격을 보여 줄 수 있는 서재를 만들기 위해 고민한다. 그리고 이렇게 만든 서재 앞에서 공동체의 역할에 대해 끊임없이 대화하고 토론한다. 하우징웍스는 서점이 아니다. 시민의 대화가 일어나는 도시의 서재다.

블루스타킹스 ; 검은 스타킹을 내던지다

겨울에는 검은색 스타킹, 봄에는 베이지색 스타킹. 학창 시절에는 계절마다 정해진 색의 스타킹을 신어야 한다는 교칙이 있었다. 익숙해진 탓인지, 다른 사람의 눈에 띄는 것이 부담스러워서인지 학교를 졸업한 이후에도 검은색과 베이지색 이외의 다른 색 스타킹을 고르는 일은 쉽지 않다. 그런데 여기에 당당히 파란색 스타킹을 신은 여성들이 있다. 이들은 말한다. "우리는 당신이 파란색 스타킹을 신기를 강요하지 않아요. 대신 당신이 검은색 스타킹을 벗기를 바라죠." 페미니즘 서점 블루스타킹스Bluestockings는 다양한 개성을 가진 이들이 공존하는 세상을 꿈꾼다.

블루스타킹스는 뉴욕 맨해튼의 독립 서점이자 공정 무역 카페, 그리고 활동가 센터다. 서점은 맨해튼의 로어 이스트 사이드Lower East Side에 있다. 19세기 뉴욕으로 온 이민자들이 주로 살던 지역으로, 로어 이스트 사이드 주택 박물관이 있을 정도로 다양한 문화가 공존하는 곳이다. 20개국에서 건너온 이민자들의 터전이 된 동네는 지금도 유대인이 운영하는 빵집이나 러시아, 폴란드 등 각국의 특색을 살린 카페와 상점으로 가득하다. 블루스타킹스는 뉴욕에서 가장 이국적인 거리라 불러도 무방할 이 지역에 터를 잡았다. 개성 있는 상점들 사이에서도 유독 눈에 띄는 파란색 간판을 걸고서.

캠브리지 사전은 블루스타킹이라는 단어를 '공부하는 데에 많은 시간을 쏟는 지적이고 제대로 교육받은 여성이자 일부 남성이 달갑게 여기지 않는 여성'이라고 정의한다. 똑똑한 여성을 경멸했던 과거 영국 사회의 분위기가 반영되어 있는 말이다. 블루스타킹의 유래는 이렇다. 1750년대 여성 작가인 엘리자베스 몬터규Elizabeth Montagu는 당시 상류 사회 여성들이 주로 하던 카드놀이 대신, 저명한 학자를 집으로 초청해 지적인 토론을 즐겼다. 이 모임에는 남성 식물학자인 벤저민 스틸링플릿Benjamin Stillingfleet도 참여했는데, 그는 늘 정장 대신 평상복 차림을 하고 파란색 양말을 신었다. 그의 차림 때문에 모임은 블루스타킹 소사이어티라는 별칭으로 불렸다.

공부하는 여성을 반기지 않았던 당대의 분위기 탓에 블루스타킹은 지적 욕구를 가진 여성을 비꼬는 단어가 됐다. 하지만 이제는 여성 권리 운동가들 사이에서 전복적인 의미로 사용된다. 19세기 초에는 여성 참정권 운동가들이 스스로를 블루스타킹이라고 불렀고, 일본에서는 메이지 유신 이후의 여성 해방 운동을 이끈 페미니즘 매거진 제목으로 사용됐다.

21세기의 서점 블루스타킹스는 무엇을 위해 투쟁하고 있을까. 1999년 캐스린 웰시Kathryn Welsh라는 젊은 여성이 창업한 이 서점의 초창기 이름은 블루스타킹스 여성 서점Bluestockings Women's Bookstore이었다. 블루스타킹 소사이어티에서 이름을 딴 서점은 여성을 위한 커뮤니티이자 교육 공간이었다. 2003년 웰시가 진로 문제로 운영을 중단하자 브룩 레만Brooke Lehman이 서점을 인수해 블루스타킹스로 이름을 바꿨다. 그때부터 지금까지 블루스타킹스는 행동하는 여성주의 서점으로 운영되고 있다. 서점의 사명은 '공평하게 협력하는 자유로운 사회를 만들고, 사람들이 부당한 권력 행사에 대항하게 하는 것'이다. 이를 위해 책이라는 매체로 여성 인권에 대한 관심을 갖게 하고, 커뮤니티를 운영하며 개인들을 연결한다. 주목할 점은 이들이 단순히 피해를 입은 시민을 돕는 데 그치지 않고, 스스로 대항할 수 있는 능력을 기르는 것을 페미니즘의 목표로 삼는다는 점이다.

블루스타킹스 관계자는 한 인터뷰에서 "저항resistance은 우리가 하는 일의 핵심이라고 생각한다"며 "우리는 많은 사람이 당연하다고 생각하는 일에 대해 비판적인 관점으로 접근하는 책을 판매하고 있다"고 설명한다.[5] 블루스타킹스는 실제로 다른 서점에서 깊이 있게 다루지 않는 분야의 도서를 6000여 권이나 소장하고 있다. LGBTQ와 젠더, 인종, 공권력과 저항, 기후 변화와 환경, 힐링과 셀프 케어, 섹슈얼리티와 관계 등 여느 서점에서 보기 힘든 섹션명도 인상적이다.[6] 흑인 여성의 인권과 공산주의, 페미니즘을 함께 논의하는 책이나 청소년 성 노동자의 이야기 등 흔히 다루지

블루스타킹스 전경. 늦은 시간에도 많은 손님들이 책을 읽고 있다.

않는 주제의 도서도 구할 수 있다. 블루스타킹스가 다양한 정체성 문제와 실천 방안을 구체적으로 고민하고 있다는 점을 보여 주는 대목이다.

페미니즘에 익숙한 젊은 여성들만을 타깃으로 삼았을 것이라는 편견과는 달리, 서점의 고객층은 중년 남성에서 어린이까지 다양하다. 블루스타킹스는 낯선 주제들이 모두의 삶과 어떻게 연결되는지를 보여 주고자 한다. 서점에는 독자를 위해 책의 내용을 상세히 설명해 주는 70여 명의 자원 활동가가 있다.[7] 이들은 서점의 가치에 공감하며, 자원 활동을 통해 사회 운동에 참여하고 싶어 한다. 활동가들은 서점이 취급하는 책의 종류와 내용을 정확하게 이해하고 있고, 자신의 경험을 덧붙여 독자들이 낯선 세계로 들어갈 수 있도록 돕는다.

한 활동가에게 선물로 구입할 책을 추천해 달라고 했더니 여러 가지 질문이 이어졌다. 선물을 받을 사람의 인종과 나이, 직업과 취향에 대한 질문을 들으며 블루스타킹스가 생각하는 다양성의 범위가 얼마나 넓은지 느낄 수 있었다. 이들에게는 여성이라는 성별보다, 어떤 환경에 놓인 여성인지가 더 중요한 문제였다. 페미니즘이 타고난 성별이 아니라 젠더의 문제를 다루는 것처럼, 블루스타킹스는 다양한 지역과 배경에서 성장한 여성들이 자신의 역할을 어떻게 정의하고 있는지에 많은 관심을 기울인다. 도시에 사는 30대 여성의 삶과 농촌에 사는 중년 여성의 삶은 다르다. 나는 어떤 여성을 상상하며 페미니즘을 지지했을까. 블루스타킹스에서 책을 사기 위해서는 평소보다 많은 고민이 필요했다.

블루스타킹스에서는 끊임없이 무언가를 선택해야 한다. 독자들이 서점에 책을 기부하겠다고 말하면, 활동가들은 기부하지 않고 책을 파는 방법을 함께 알려 준다. "블루스타킹스에 책을 기부하면 판매 수익의 일부가 도움이 필요한 단체에 전달된다. 하지만 돈을 받고 책을 팔고 싶다면 근처에 있는 중고 서점 마스트 북Mast Books에 가면 된다"는 것이다. 이들은 충분한 정보를 전달한 후 다시 고객에게 책을 기부할 것인지, 판매할 것인지를 묻는다. 사소하게는 카페에서 판매하는 카페라테에 들어갈 우유의 양까지 스스로 정해야 한다. 카페라테를 시키면 활동가가 "우유를 천천히 따를 테니, 원하는 지점에서 멈추라고 말해 달라"고 한다. 정해진 기준이 없는 곳에서 방문객은 자신의 취향을 파악하고 설명해야 한다.

블루스타킹스는 우리에게 파란색 스타킹을 신으라고 강요하지 않는다. 그보다는 우리가 한 걸음 더 깊이 들어가 고민하기를 바란다. 우리 사회에 얼마나 다양한 색들이 있는지 충분히 인식하고, 본인이 스스로 입고 싶은 색을 고르기를 원하는 것이다. 이 서점은 어떤 선택이든 존중받아야 한다는 신념을 공유하는 공간이다.

결혼한 지 얼마 되지 않은, 출산과 육아를 고민하는 30대 친구의 선물로 추천받은 책. 이 책을 추천한 활동가는 "어떤 순간에도 자신의 삶에서 주도권을 잃지 않아야 한다. 그러나 쉬어 가는 것도 자신을 지키기 위한 방법 중의 하나"라고 말했다.

불편하게 함께인 서점

- 당신의 주머니가 비어 있어도 우리의 행사에 참여할 수 있습니다.
- 휠체어를 타고 들어올 수 있습니다. 계단이나 플랫폼이 없고 선반 사이에 넓은 통로가 있습니다.
- 향수나 에센스 오일 등 향기가 나는 제품을 사용하지 않기를 권합니다. 사용했을 경우 입구로 가주세요.
- 행동에 책임을 져야 합니다. 당신의 의도가 무엇이든, 당신의 행동은 다른 사람들에게 영향을 미칩니다.

블루스타킹스 '안전한 공간 정책Safer Space Policy'의 일부다. 블루스타킹스에는 누구나 들어올 수 있지만 아무나 머물 수는 없다. 서점은 다양한 방문객을 존중하지만, 방문객들 역시 서점에 있는 타인을 존중하기를 원한다. 그리고 타인에게 해를 끼칠 수 있는 행동을 엄격하게 금지하는 몇 가지 규칙을 정하고 있다. 서점은 이렇게 말하는 것 같다.

"다들 어떤 색의 스타킹을 신고 싶은지 결정했나요? 그럼 나와 다른 색의 스타킹을 신은 사람도 존중해 주세요."

고객뿐 아니라 직원들 역시 '고객에게 인사를 건넬 수 있지만, 양해를 구하지 않고 신체적 접촉을 하지 않는다'처럼 타인을 존중하기 위한 규칙을 공유하고 있다. 블루스타킹스는 이런 공간 정책에 대해 다음과 같이 소개한다.

"블루스타킹스의 안전한 공간 정책은 서점을 방문하는 모든 사람을 지지하고, 이들에게 위협적인 환경이 되지 않기 위한 것입니다. 타인의 의견, 신념, 경험 및 다른 견해를 존중하십시오. 성적 학대, 신체 폭력 등 예민한 주제를 대화 주제로 삼기 전에 상대방에게 허락을 구하십시오. 어떤 상황에서도 블루스타킹스에서 물리적, 언어적 위협은 용인되지 않습니다. 직원들은 이 규칙을 지키지 않는 이들에게 공간을 떠나 달라는 요청을 할 수 있습니다."

블루스타킹스가 엄격한 정책을 고수하는 이유는 명확하다. 서점이 다루고 있는 논쟁적인 콘텐츠가 타인에게 상처를 주는 발언이나 행동을 촉발할 수도 있다는 우려에서다. 블루스타킹스는 다양한 가치관을 가진 사람들이 자유롭고 평등하게 대화 나눌 수 있기를 바란다.

이 공간에 들어서면 새롭게 사회화가 되는 것 같은 느낌을 받는다. 서점에서 진행하는 시민 교육 워크숍에서는 극우주의를 막을 수 있는 방안에 대해 토론하고, 참가자들이 함께 비건vegan 레스토랑을 방문해 채식주의와 환경 보호에 대해 논한다. 블루스타킹스에 '맨해튼의 교차로'라는 별칭이 붙은 이유를 짐작할 수 있을 것 같았다. 많은 자동차와 사람들이 지나가지만 서로 충돌하지 않는 교차로처럼, 블루스타킹스는 서로 다른 생각과 이념을 가진 이들이 공존하되 부딪히지 않는 공간이다.

이런 철학은 서점이 운영하고 있는 카페에서도 드러난다. 블루스타킹스 카페는 공정 무역 커피, 유기농 재료로 만든 비건 쿠키를 판매한다. 반세계화 저항 운동의 거점인 멕시코 치아파스Chiapas에서 생산되는 커피를 팔고, 수익금으로 원주민을 위한 학교 건립을 지원한다. 블루스타킹스는 재료의 원산지와 제조 과정을 상세히 설명한다. 고객들은 커피나 쿠키를 사면서 자연스럽게 자신의 소비가 미치는 사회적 영향을

블루스타킹스는 젠더 연구, 페미니즘, 트렌스젠더 등 다른 서점에서 보기 힘든 주제를 다룬 책들을 6000여 권 이상 소장하고 있다.

생각한다. 다른 카페의 원두는 어디에서 오는 것인지 의문을 품을 수도 있고, 내가 먹는 원두를 재배하기 위해 제3세계 아동이 노동 착취를 당하는 구조에 대해 성찰할 수도 있다. 블루스타킹스는 방문객들이 자신의 행동에 대해 고민할 수 있는 기회를 제공한다.

커피 가격은 1달러로 저렴한 편이다. 커피는 이윤을 남기기 위한 상품이 아니라, 방문객이 서점에 더 오래 머무르게 만드는 촉매 역할을 한다. 내가 정한 만큼의 우유가 담긴 커피와 비건 쿠키를 구매해 의자와 테이블이 있는 자리로 갔다. 여럿이 앉을 수 있는 커다란 테이블 위로 노트북과 책 그리고 소품이 자유롭게 흩어져 있다. 마땅한 자리가 없던 터라 원래 자리 주인이 오면 비켜 줄 심산으로 노트북이 놓여 있던 자리에 앉았다. 옆자리에 있던 사람이 인사를 건넸다. 잠시 후에 돌아온 자리 주인은 자신의 노트북을 들고 비어 있는 다른 자리로 옮겼다.

블루스타킹스는 "자신에 대한 존중이 우리의 도덕성을 이끌고, 타인에 대한 경의가 우리의 몸가짐을 다스린다"는 영국 소설가 로렌스 스턴Laurence Sterne의 말이 실현되는 공간이다. 무선 인터넷은 제공하지 않는데, 직원들은 "모두가 휴대전화만 쳐다보며 커피를 마시는 것을 바라지 않기 때문"이라고 한다. 블루스타킹스는 서점을 찾는 이들이 대화를 나누기를 바란다. 이를 위해 다양한 이벤트를 마련하고 있다. 문학 작품이나 사회 이슈를 주제로 한 행사는 거의 매일 열린다. 돈이 없는 고객을 환영하며, 대화를 위한 커피와 다인용 소파가 있고, 서점의 가치에 연대하는 활동가들에 의해 운영되는 블루스타킹스. 여기서 손님은 단순히 책을 사러 온 소비자가 아니라 다양한 가치에 공감하고, 타인과의 공존을 고민하는 시민이자 독자가 된다.

누군가에게 이 서점은 불편하다. 페미니즘, 난민, 환경, 동물 등의 이슈로 가득한 서점은 그동안 외면해 왔던 타인의 삶을 직시하게 만든다. 공간 안에서 지켜야 할 규칙도 까다롭다. 그러나 소수의 권리를 존중하는 곳에서, 역설적으로 공동체의 가치가 피어난다. 이 서점에 방문한 사람이라면 일상에서도 타인의 권리에 대해 고민하고 조심스럽게 행동할 수밖에 없다. 다양한 가치의 공존을 우선으로 생각하는 블루스타킹스의 철학은 서점이 구비한 도서 목록, 카페에서 판매하는 음료와 공간의 운영 방식 전체에 반영되어 있다. 서점의 메시지에 공감한 독자는 추천 도서를 구매하거나 이벤트에 참여하고[8], 서점 곳곳에 있는 기부함에 후원금을 내고, SNS에 방문 후기를 올리며 블루스타킹스를 적극적으로 돕는다.

블루스타킹스는 특정 사회 운동에 가담하라고 말하지 않는다. 다만 모든 개인이 의견을 밝힐 수 있는 환경과, 편하게 대화를 나눌 수 있는 분위기를 조성한다. 여기에서 어떤 생각을 가지고 어떤 행동을 해야 할지 결정하는 것은 각자의 몫이다. 이제 겨우 검은색 스타킹을 벗은 내가 파란색 스타킹을 신기까지는 많은 시간과 고민이 필요할 것이다. 그러나 나의 진짜 모습을 드러내고, 다양한 모습의 타인을 존중하는 방법을 배워 가는 과정은 시간이 걸리더라도 의미가 있으리라는 생각이 들었다. 블루스타킹스는 말한다. 나의 권리를 이해하는 데에서 타인에 대한 배려와 존중도 나올 수 있다고. 그러니 지금 내가 무슨 색깔의 스타킹을 신고 싶은지를 고민해 보자고 말이다.

게이스 더 워드 ; 런던의 안전지대

통계에 따르면 영국 인구의 약 1.7퍼센트가 본인을 동성애자 혹은 양성애자로 구분한다고 한다. 2015년 총선에서는 27명의 성 소수자가 의회에 진출했다.[9] 실제로 런던 시내에서는 동성 커플을 심심치 않게 목격할 수 있다. 이들은 자신의 존재를 감추지 않고 사랑하는 이에게 적극적으로 애정을 표현한다. 이른 저녁, 블룸스버리Bloomsbury 거리를 지나는 중에도 많은 동성 커플을 만날 수 있었다. 이 거리에서 영국 최초의 LGBT 전문 서점 게이스 더 워드Gay's The Word를 발견했다.

　　게이스 더 워드는 영국 유일의 LGBT 전문 서점이자, 성 소수자를 위한 연대와 우정의 공간이다. 사실 서점 앞에서 잠시 망설였다. '게이를 위한 공간이라는 서점에 들어가서 환영받지 못하면 어쩌지'라는 생각 때문이었다. LGBT 이슈에 대해 잘 모르면 읽을 책이 없을 것이라는 생각도 했다. 허락받지 않은 공간에 들어선다는 긴장감을 안고 문을 열자, 무지개 깃발 장식 아래 서 있는 직원이 유쾌한 목소리로 인사를 건넸다.

무지개는 LGBT의 상징으로 무지개의 색깔처럼 다양한 정체성이 존중받는 사회를 꿈꾼다는 의미가 담겨 있다. 사진 촬영을 해도 되냐고 물었더니 그 직원은 '얼마든지'라고 말하는 것처럼 양팔을 넓게 펼쳐 보인다. 그의 밝은 미소에 긴장을 풀고 서점을 둘러볼 수 있었다. 방문객들은 이 공간을 '런던에서 가장 밝은 서점'이라고 평가한다. 입구에서부터 눈에

블룸스버리 거리에서 영국 유일의 LGBT 서점 게이스 더 워드를 발견했다.

띄는 무지개 깃발이나 컬러풀한 책 표지들 때문이기도 하지만, 무엇보다 친절한 직원들 덕분이다.

게이스 더 워드는 1979년 블룸스버리 거리에 문을 열었다. 동성애를 처벌하는 법이 사라진 지 12년이 지난 시점이었지만, 당시 영국 서점에서는 여전히 동성애 섹션은 물론 관련 서적도 찾아보기 힘들었다. 관련 자료를 구하려면 미국 서점에 우편 주문을 해야 했을 정도였다. 반면, 미국에서는 성 소수자 권리를 위한 사회 운동이 활발하게 일어났고, 문학을 포함한 예술의 전 영역에서 다양성을 탐구하는 작품들이 늘어났다. 1967년 뉴욕 맨해튼의 크리스토퍼Christopher 거리에는 세계 최초의 LGBT 서점인 오스카 와일드 서점Oscar Wilde Bookshop이 문을 열었다. 오스카 와일드 서점에서 근무했던 어니스트

게이스 더 워드의 내부

홀Ernest Hole이 영국의 성 소수자 지원 단체 아이스브레이커스 Icebreakers와 함께 만든 곳이 게이스 더 워드다.

서점은 창업 초기부터 책을 파는 곳을 넘어 공동체를 위한 커뮤니티로 기획됐다. 성 소수자들은 서점 안쪽의 비밀스러운 공간에서 커피와 맥주를 마시며 대화를 나눴고, 저녁이 되면 함께 피아노 공연을 즐겼다. 이 서점에는 약 45명이 함께 앉을 수 있는 공간이 있는데, 다양한 사람들이 토론하고 모임을 갖기에 제격이다. 지금도 서점은 LGBT 사회의 공동체 기능을 충실하게 수행하고 있다. 매달 셋째 주 화요일에는 트랜스젠더 커뮤니티인 트랜스런던TransLondon의 회의가 열리고, 레즈비언 디스커션 그룹The Lesbian Discussion Group은 30년이 넘게 서점에서 정기 모임을 진행한다. LGBT 커뮤니티 내 소수자 모임인 흑인이나 장애인, 게이 그룹도 서점에서 정기 행사를 연다.

게이스 더 워드는 지역 사회의 성 소수자 커뮤니티의 구심점 역할을 한다. 레즈비언 디스커션 그룹의 멤버들은 이 서점에서 결혼식을 올리고, 하객들에게 선물을 주는 대신 성 소수자를 위한 모금에 참여해 달라고 요청한다. 이렇게 기부 받은 후원금은 서점 내의 소규모 모임을 알리는 데 사용되거나, 트랜스런던 행사 진행에 필요한 지원금이 된다. 서로 다른 성격의 커뮤니티가 서로의 성장을 지원하며 상생하는 것이다. 서점을 찾는 이들은 책을 구매하지 않아도 서점의 이벤트에 참여할 수 있고, 성 소수자 관련 소식이 담긴 신문과 매거진을 무료로 받을 수 있다. 게이스 더 워드는 LGBT 분야의 서적을 파는 서점을 넘어, 공동체가 성장하는 장소이자 지역 사회의 역할을 보완하는 기관이다.[10]

서점에서 구비하고 있는 도서의 분야는 문학, 연극, 역사, 패션, 음악 등으로 다양해서 특정 주제만을 다루는 서점이라고 말하기 어려울 정도다. 직원에게 대형 서점의 LGBT 관련 섹션과 이곳의 차이를 물으니 '주제의 다양성'이라고 답한다. 다른 서점이 정체성 문제만을 다루는 것과 달리, 게이스 더 워드는 한 인물의 전기에서부터 문학, 철학, 예술에 이르는 방대한 주제를 통해 성 소수자의 삶을 다채롭게 보여 준다. 직원이 예로 든 작품은 아일랜드 작가 콜름 토이빈Colm Toibin 의 소설이었다. 작품에 나오는 인물의 일부는 동성애자지만, 일부는 그렇지 않다. 게이스 더 워드는 소수자의 삶을 이야기하는 것도 중요하지만 이들이 사회와 어울려 자연스럽게 살아가는 것이 더 중요하다고 말한다.

'삶과 사랑에 대해 고민할 수 있는 작품'이라는 서점의 추천사를 보고 스티븐 암스터댐Steven Amsterdam의 소설《더 이지 웨이 아웃The Easy Way Out》을 샀다. 간호사인 주인공이 환자의 존 엄사를 도우며 마주하는 윤리적인 고민을 그린 작품이다. 나중에 책을 보며 서점의 철학이 다시 떠올랐다. 주인공이 게이

게이스 더 워드는 문학 작품, 잡지 등 다양한 종류의 도서와 DVD를 구비하고 있다.

로 나오기는 하지만, 큰 틀에서 소설은 옳고 그름을 명확하게 나누기 힘든 복잡한 현실을 다루고 있었다. 정체성의 문제가 삶이나 사랑과 같은 보편적인 주제 속에 녹아들기를 바라는 게이스 더 워드의 지향점을 상기시키는 책이었다.

게이스 더 워드의 컬렉션에는 베스트셀러 코너가 없다. 서점 어디에서도 판매량에 대한 언급이 없다. 베스트셀러 코너에서 주로 책을 샀던 사람이라면 난감할 것이다. 게이스 더 워드에서는 타인의 추천에 의존할 수 없다. 자신의 취향을 정확히 알고, 원하는 책을 찾아야 한다. 게이스 더 워드의 책장을 살펴보며 이런 생각을 했다. '베스트셀러는 늘 나에게 최상의 만족감을 줬을까.' 시간이 갈수록 값어치 있게 느껴지는 책은 베스트셀러가 아니라 구석진 책장에서 제목에 이끌려 읽었던 책이나, 소중한 사람과의 추억이 담긴 작품인 경우가 많았다.

취향의 영역에서마저 우리는 다수가 원하는 방식으로 행동해야 한다고 생각한다. 우리 모두는 특정 지역 출신인지 아닌지에 따라, 성별이나 나이에 따라 소수자로 분류될 수 있다. 나는 어린 시절 왼손잡이라고 놀림을 받았고, 우유를 마시지 못한다는 이유로 혼이 났다. 어른이 된 지금도 주변에서 비슷한 일들이 벌어지고 있다. 채식을 하는 사람은 회식 자리에서 소외되고, 키가 너무 크거나 작은 사람, 너무 말랐거나 살이 찐 사람들은 기성복 매장의 표준 체형을 보고 허탈감을 느낀다. 우리는 매 순간 다수의 편에 속하는 것이 안전하다고 세뇌당하고 있는지도 모른다.

하지만 소수의 취향을 가진 사람이 그 사실을 남들에게 알리기는 쉽지 않다. 단순한 취향과 기호의 문제가 아니라 정체성의 문제라면 더 그렇다. 소수자가 자신을 공공연하게 드러내기 위해서는 험난한 과정을 거쳐야 한다. 그럼에도 불구하고 게이스 더 워드는 자신의 진짜 모습을 찾아가는 과정이 얼마나 가치 있는 것인지를 이야기한다. 동시에 그 과정이 조금 덜 어려울 수 있도록 가이드를 제공한다. 서점은《내가 게이라는 것을 알았을 때》처럼 정체성을 탐구할 수 있는 도서들을 비치하고 있다.《가족에게 내가 레즈비언이라고 말하는 법》과 같이 자신의 정체성에 관해 주변 사람과 상의하

《내가 게이라는 것을 알았을 때》의 표지

는 방법을 소개하는 책도 있다. 게이스 더 워드는 서점을 직접 찾을 수 없는 고객을 위해 우편으로도 도서와 DVD, 매거진 등을 보내 주며 정체성을 고민하는 이들을 위한 온라인 사이트를 운영한다. 서점을 통해 세계의 소수자가 연대할 수 있도록 돕는다.

모든 소수자를 위한 커뮤니티

게이스 더 워드에서 30년 동안 일한 매니저 짐 맥스위니Jim McSweeney는 "방문객들은 게이스 더 워드에서 자신의 공간에 있는 것 같은 소속감을 느낀다"고 말한다.[11] 서점에 방문한 독자들의 리뷰에도 안전safety이라는 키워드가 유독 많다. 게이스 더 워드는 LGBT 이슈에 관해 런던에서 가장 많은 종류의 자료를 구비한 곳이다. 정체성 문제로 도움을 원하는 고객에게는 적극적으로 조언을 제공한다. 이들에게 게이스 더 워드는 런던의 유일한 안전지대다. 사회에서 경험하는 소외감에서 벗어나 연대와 우정을 느낄 수 있다는 의미다. 하지만 많은 이들이 서점에서 안전함을 느끼는 이유는 게이스 더 워드가 성 소수자를 위한 공간이기 때문만은 아니다. 매니저 맥스위니는 게이스 더 워드를 사회 기관이라고 표현한다. 게이스 더 워드가 성 소수자를 넘어 모든 소수를 위한 커뮤니티로 일해 왔기 때문이다.

1984년 영국 정부가 광산 폐쇄를 발표했을 때의 일이다. 광부들이 파업을 시작했다는 소식을 접한 LGBT 커뮤니티는 광산 노조를 지원하기로 결정했다. 권력의 탄압과 대중의 외면 속에서 권리를 얻기 위한 싸움이 얼마나 어려운 것인지를 잘 알고 있었기 때문이다. 이들은 'LGBT는 광부들을 지지한다'는 피켓을 들고 거리로 나섰다. 당시 모인 후원금은 만 파운드가 넘었다. 게이스 더 워드도 당시 파업 중인 노동자를 위해 서점 공간을 제공하고, 필요한 물품을 후원했다.

게이스 더 워드를 배경으로 광부들과 LGBT 커뮤니티가 연대하는 과정을 다룬 영화 〈런던 프라이드Pride〉는 두 집단이 서로 마음을 여는 일이 결코 쉽지 않았다는 것을 보여 주고 있다. 보수적인 중장년층 광부들은 성 소수자의 지원을 받는다는 이유로 쏟아질 질타와 부정적 시선을 우려했다. 성 소수자 청년들은 이들의 우려에 더 적극적인 연대로 화답했다. 이를 통해 전혀 어울릴 것 같지 않던 두 집단은 연대라는 가치로 마침내 하나가 된다. 파업은 실패로 끝나지만, 이 사건을 계기로 영국의 노동조합과 LGBT 커뮤니티 사이에는 공동체 의식이 형성됐다. 광산 노조는 1985년 런던 퀴어 퍼레이드를 시작으로 LGBT 이벤트에 지속적으로 참여하고 있다.

게이스 더 워드도 다른 이들의 도움으로 지금의 자리를 지키고 있다. 1984년 영국 정부는 게이스 더 워드를 포르노 상점으로 간주하고 대규모 수색을 벌였다. 동성애 관련 도서를 음란물로 규정하고 테네시 윌리엄스Tenessee Williams, 크리스토퍼 아이셔우드Christopher Isherwood, 장 주네Jean Genet 등이 쓴 수백 권의 저작을 압수했다. 기독교 운동가 메리 화이트하우스Mary Whitehouse는 서점을 신성 모독으로 고발하기도 했다. 서점이 수익을 압수당하며 폐쇄 위기에 이르자 각국의 독자들은 블로그에 글을 올려 서점을 옹호했다. 유명 작가들도 서점에 지지를 보내며 후원금을 기부했다. 곧 서점을 지지하는 공식적인 캠페인이 생겼고 전국적 모금 운동이 벌어졌다. 이 기간에 모인 후원금은 5만 5000파운드에 달했다.

일반 시민들이 게이스 더 워드를 지킨 것은 이 서점을 단순히 소수자들의 공간으로 여기지 않았기 때문이다. 이들에게 서점은 자신과 후대의 자손들이 살아갈 사회의 다양성을 상징하는 공간이었다. 게이스 더 워드가 탄압받는다면, 자신도 언젠가 사회의 보호를 받지 못하는 사각지대에 놓일 수 있다는 것이다. 게이스 더 워드가 성 소수자를 비롯해 소외된 이들을 보호하기 위해 오랜 시간 노력해 왔음을 알고 있는 시민들은 작은 서점을 돕기 위해 나섰다.

2007년 게이스 더 워드는 임대료 상승 등의 이유로 또 한 번 폐점 위기를 맞았다. 영국 일간지 《더 타임스》와 《인디펜던트》, 게이 잡지 《QX 매거진》 등에서 서점의 위기를 알렸다. 유럽을 넘어 미국과 호주, 러시아까지 소식이 퍼졌고, 전 세계에서 후원금이 모였다. 시민들의 후원으로 서점은 명맥을 유지하고 있다. 작가 사라 워터스Sarah Waters는 게이스 더 워드를 두고 "서점을 넘어선 공동체의 허브"라고 표현한다. 많은 이들의 노력으로, 게이스 더 워드는 여전히 블룸스버리 거리의 안전지대로 남아 있다.

게이스 더 워드에서 책을 사면서 사회에서 정체성을 위협받는 사람은 성 소수자만이 아니라는 생각을 했다. 사회가 누군가를 소외시킬 수 있다면, 나 역시도 어떤 이유로든 소외당할 위험이 있다. 누구나 소수자가 될 수 있다는 사실을 상기시키는 서점은 모두에게 공동체와 연대 의식이 필요하다고 말하고 있다.

스트랜드 ; 18마일의 서가

전 세계의 애서가들을 불러 모으는 뉴욕 문화의 아이콘, 하루 종일 있어도 지겹지 않은 읽을거리가 있는 공간, 세계 최대 규모의 중고 서점 스트랜드Strand에 붙은 수식어다. 서점 로고가 프린트된 빨간 깃발이 휘날리는 4층 높이의 건물은 멀리서도 눈에 띈다. 스트랜드는 글로벌 브랜드가 밀집한 뉴욕의 중심가에서도 독보적인 존재감을 자랑하고 있다.

스트랜드를 찾은 것은 월요일 오전이었다. 주말이나 평일 오후에 비하면 한산한 시간일 텐데도 서점 안은 손님들로 북적였다. 스트랜드는 책으로 가득한 백화점이나 거대한 책 공장처럼 보였다. 서점 안에는 사람 키보다 두 배쯤 높은 책장이 가득했고, 모든 칸에 빼곡하게 책이 들어차 있었다. 서가로도 모자라 책 수레에 1달러짜리 책을 가득 싣고 판매하고 있

뉴욕의 상징이 된 서점 스트랜드는 멀리서도 눈에 띈다.

었다. 손님들은 카트를 밀면서 책장 사이를 오가거나, 근처에 쭈그려 앉아 독서 삼매경에 빠져 있었다. 백화점이라고 하기에는 정돈되지 않은 혼잡함이 매력적이고, 공장이라고 하기에는 인간적인 활기가 넘치는 독특한 공간이었다.

스트랜드는 1927년 문을 연 유서 깊은 서점이다. 서점을 설립한 벤 배스Ben Bass는 리투아니아 출신의 이민자로, 포목점에서 일하던 청년이었다. 책에 대한 남다른 애정으로 조금씩 책을 모아 왔던 그는 25세가 되던 해에 자본금 600달러를 들여 스트랜드를 열었다. 그는 책을 좋아하는 사람들이 모이는 공간을 꿈꿨다. 서점 이름은 유명 작가들이 거주했던 영국 런던의 거리 스트랜드에서 따왔다.

벤이 세상을 떠난 후에는 그의 아들 프레드Fred가 스트랜드를 이끌었다. 그는 중고 서적을 포함해 고서와 희귀본, 신

서점 앞에 있는 책 수레에는 1달러짜리 책이 가득 실려 있었다.

간 도서와 음반 등으로 취급 품목을 확대하며 스트랜드에 새로운 정체성을 부여했다. 올해로 92번째 생일을 맞은 서점은 프레드의 딸 낸시Nancy가 물려받아 운영하고 있다. 3대에 걸친 역사를 쌓아 오는 동안 서점의 소장 도서도 엄청나게 늘었다. 스트랜드가 '18마일의 서가'라고 불리는 이유다. 소장 도서를 일렬로 늘어놓으면 그 길이가 18마일에 달한다는 의미다.

프레드는 생전에 "서점에서 길을 잃는 방문객들의 모습을 보는 게 즐겁다"는 이야기를 했다.[12] 스트랜드에서는 누구나 길을 잃을 수 있다. 지하 1층, 지상 3층 규모로 면적만 1500평에 달하기 때문이다. 편한 의자에 앉아 책을 보며 휴식을 취하는 풍경을 상상한 독자라면 큰 충격을 받을 것이다. 스트랜드에는 안락한 의자나 널찍한 테이블을 갖춘 여유 공간이 없다. 약간의 빈틈이 있는 곳이라면 어디든 책이 놓여 있다. 당연히 커피를 파는 카페도 없다. 스트랜드의 직원은 "어디서 책을 읽을 수 있느냐"는 질문에 "책이 있는 곳이라면 어디서든"이라고 답한다.

실제로 책으로 가득한 책장 옆이나 통로, 성인의 허리춤까지 쌓인 책 더미 옆에는 어김없이 책을 읽는 사람들이 있다. 바닥에 엎드려 책을 보는 아이도, 사진집을 펼쳐 놓고 드로잉을 하는 청년도 있었다. "스트랜드에서는 편하게 책을 보기 어려우니 벽에 기대거나 바닥에 앉을 수 있도록 낡은 옷을 입고 가라"는 방문객 리뷰가 괜히 나온 것이 아니라는 생각이 들었다.

스트랜드는 250만 권이 넘는 책을 보유하고 있고, 서점의 하루 평균 거래량은 5000여 권에 달한다고 한다. 전 세계의 책이 모여들고 흩어지는 거대한 무역항 같은 곳이다. 서점 1층에는 신간 도서와 문학 작품이 있고, 역사, 요리, 뉴욕에 관한 책이 있다. 지하에는 정치, 경제, 과학, 법률 분야의 학술 도서와 출판사의 리뷰 도서가 있다. 2층으로 올라가면 미술, 사진, 건축, 패션 등 문화 예술 분야의 책들과 어린이 도서를 읽을 수 있다. 스트랜드가 특별한 이유는 수많은 책을 섬세하게 분류한 섹션에 있다. 예를 들어 사진 섹션 안에도 유명한 작가의 전기, 카메라에 대한 이해, 사진 촬영 기술 등의 소주제가 있다. 요리책들은 셰프를 위한 책, 홈베이킹 관련 도서, 와인과 함께 먹기 좋은 음식에 대한 이야기 등으로 분류되어 있다. 독자가 어떤 사람인지, 어떤 상황에서 책을 찾고 있는지를 세심하게 고려한 분류법이다.

중고 서점이기 때문에 같은 책이 여러 권 꽂혀 있는 경우도 있다. 하지만 자세히 보면 모두 다른 책이다. 책의 상태나 출판사, 번역가 등에 따라 같은 책도 각기 다른 가치를 지니고 있기 때문이다. 스트랜드의 백미는 희귀본과 초판본을 보관하는 3층 서가다. 제임스 조이스James Joyce가 서명한《율리시스》초판본이나 아인슈타인의 사인이 들어 있는 책, 금속 활자로 인쇄한 1500년대 책들은 유물에 가깝다. 희귀본의 가격은 책의 상태와 희소성에 따라 달라지는데, 17세기에 발행된 셰익스피어의 두 번째 전집은 12만 달러가 넘는다. 스트랜드에서 가장 유서 깊은 공간이라고 불러도 좋을 3층은 커뮤니티 프로그램이 열리는 장소로도 활용된다. 거의 매주 신간 행사와 작가 인터뷰가 열린다. 이 공간에서 결혼식을 올리는 고객도 있을 만큼 독자들의 특별한 사랑을 받는 상징적인 곳이다.

스트랜드는 책을 위한 곳이라는 서점의 본질에 충실하다. 책을 빼면 그 무엇도 독자의 시선을 빼앗지 않는다. 방대한 양의 책에 압도되는 경험은 카페 같은 서점이 많아진 요즘에 오히려 신선하다. 카트를 끌면서 커다란 서가 사이를 오가다 보면 다양한 이야기를 지닌 책을 만날 수 있다. 신간 도서가 진열되는 1층 중앙 테이블에서 멀어질수록 낯선 책들이 나타난다. 스트랜드에서 유익한 시간을 보내고 싶다면 어떤 책이든 기꺼이 받아들일 수 있는 마음가짐이 필요하다. 낯선 분야의 도서도 펼쳐 보고, 책이 담고 있는 이야기를 가늠해 보자. 책 제목이나 주제, 디자인과 같은 일반적인 정보는 물론 인쇄 방식이나 발행 연도, 출판사와 번역가 정보를 비교해 가며 보석 같은 책을 발견하는 기쁨을 깨닫게 될 것이다.

스트랜드 직원들이 손으로 쓴 추천사에는 독자를 위한 배려가 묻어난다.

우리에게 물어보세요

요즘은 어느 서점을 가든 직원들의 추천사를 읽을 수 있지만, 스트랜드의 추천사는 조금 특별하다. 줄거리를 소개하는 수준 이상으로, 독자에게 어떤 영감을 제공할 수 있는 책인지를 자세하게 적고 있다. 한 페이지에 달하는 추천사도 있다. 독자에게 양질의 가이드를 제공해야 하기에 스트랜드 서점의 직원 채용 시험은 까다롭다. 열 개의 문학 작품 제목과 열 명의 저자를 연결하는 과제 등으로 구성된 시험은 1970년 프레드가 처음 만든 이래 40년이 넘게 유지되고 있다.

《뉴욕타임스》는 이 시험에 지원한 제니퍼 로보Jennifer Lobaugh라는 여성의 이야기를 보도하기도 했다.[13] 러시아와 프랑스 문학을 전공한 로보는 "문제가 이렇게 어려울 것이라고는 상상하지 못했다"고 한다. 전공자에게도 쉽지 않은 시험이기에 매주 60명 정도가 지원하지만 통과하는 사람은 많아봐야 두 명 정도다.

반대로 말하면, 스트랜드에서 일하는 250여 명의 직원들은 모두 이 어려운 시험을 통과한 사람들이다. 창고 담당 직원도 예외는 아니다. 그래서인지 서점 곳곳에는 '우리에게 물어보세요Ask us'라는 문구가 붙어 있다. 책에 대해 궁금한 것이 있다면 직원을 찾으라는 의미다. 이 문구를 발견할 때마다 서점 직원들이 자신감 있는 목소리로 말을 거는 것 같다.

"책에 관한 거라면 무엇이든 우리에게 물어보세요!"

만약 직원들이 책을 더 빠르게 찾아 주는 역할만 한다면 도서 검색기를 만들었을 것이다. 독자의 곁에 200명이 넘는 직원들이 있는 이유는 이들의 역할이 단순히 책의 위치를 알려 주는 데 그치지 않기 때문이다. 이들은 책을 더 빠르게 찾게 하는 사람이 아니라, 독자의 질문에 공감하고 함께 답을 찾아가는 사람들이다.

스트랜드의 홈페이지에는 각 카테고리를 담당하는 직원들이 소개되어 있고, 이들이 추천하는 책과 그 이유도 자세하게 적혀 있다. 아만다Amanda라는 직원은 《꽃으로 말해줘The Language of Flowers》를 추천하면서 "달콤한 이야기처럼 보이지만 관계와 신뢰라는 예민한 주제를 다룬다"고 설명했다. 어린이 도서를 담당하는 직원은 여덟 살짜리 조카에게 추천하고 싶은 책을 묻는 독자의 질문에 《찰리의 초콜릿 공장》과 《마틸다》를 추천했다. 홈페이지에는 직원들의 전공과 관심사가 소개되어 있고, 독자들은 원하는 직원에게 책 추천을 부탁하거나 질문을 남길 수 있다.

스트랜드에서 어릴 때 읽었던 《아낌없이 주는 나무》를 발견하고 직원에게 물었다.

"베푸는 사람giver과 받는 사람taker에 관한 책을 추천해 주실 수 있나요?"

경영 철학이나 심리학 도서를 추천할 거라고 생각했는데, 직원은 내게 질문을 던졌다.

"정확히 원하는 분야가 있나요? 일러스트집이나 동화책을 찾나요? 아니면 성인용 도서를 찾나요? 국가 간의 문제를 다룬 책이나 논문의 연구 사례를 알아보고 싶나요?"

직원은 질문에 대한 답을 모두 듣고, 동료를 불러서 그의 의견을 물은 뒤에야 책이 있는 곳으로 안내했다.

스트랜드에서 직원에게 질문을 하고 답을 찾는 과정은 여러 관문으로 구성된 사다리 타기 같다. 서점에는 200만 권의 책에 도달할 수 있는 수십 갈래의 선택지가 있고, 우리는 직원의 안내에 따라 서서히 선택지를 좁혀 갈 수 있다. 각 관문에서 직원의 질문에 어떤 답을 하는지에 따라 선택을 받을 책도 달라진다. 직원들은 나의 대답을 듣고《나 자신의 국가 My Own Country》라는 책을 추천했다. 병에 걸린 의사가 에이즈 환자를 치료하며 위로를 나눴던 실화를 바탕으로 쓰인 책이다. 직원은 "사람과 사람 사이의 관계와 더불어 미국의 역사에 대해서도 공부할 수 있을 것"이라고 덧붙였다.

직원들의 까다로운 안목은 서점이 중고 책을 사들이는 과정에도 반영된다. 스트랜드는 서점의 중고 도서 매입 방침에 대해 이렇게 말한다.

"우리는 숫자와 상관없이 양질의 도서를 사고자 합니다. 우리는 여러 책을 구매하지만, 그 대상은 매우 선택적입니다. 때로는 당신이 판매하고 싶은 책의 절반 이상을 거부할 수도 있습니다."

세계 최대의 중고 서점이라면 어떤 책이든 수집할 것 같지만 실상은 다르다. 중고 책을 선별하는 열두 명의 직원은 서점의 기준에 맞는 책을 찾는 까다로운 검수 절차를 담당하고 있다. 스트랜드의 모든 책은 이 과정을 통과한 선택받은 책이다.

중고 책이 판매되는 과정을 보기 위해 한국에서 책을 가져갔다. 중고 책 카운터는 서점의 깊숙한 곳에 있다. 서점 매장에 있는 사람만큼 책을 팔기 위해 모인 사람도 많았다. 가져간 책들은 3달러에 팔렸다. 나의 손을 떠난 책은 한동안 정가의 절반 가격에 판매될 것이고, 더 많은 시간이 흐르면 1달러 팻말을 붙인 책 수레에 들어갈 것이다. 하지만 스트랜드에 책을 파는 사람들은 책의 가치가 판매 가격에 있는 것이 아니라는 사실을 알고 있다. 18마일의 서점에 한 뼘을 더 보탰다는 자부심이 스트랜드에 책을 가져가게 만든다.

　스트랜드는 쉴 수 있는 공간이나 편리한 시스템과는 거리가 멀지만, 책을 읽고 싶은 독자에게는 이보다 더 친절할 수 없는 장소다. 스트랜드의 관심사는 책과 독자, 그리고 독자가 책을 발견하도록 돕는 직원이다. 서점의 본질에 맞지 않는 것이라면 타협하지 않겠다는 고집이 스트랜드를 뉴욕 문화의 터줏대감으로 만들었다. 뉴욕을 다니다 보면 스트랜드 로고가 새겨진 가방, 모자, 공책, 볼펜 등을 사용하고 있는 사

스트랜드에서는 책뿐만 아니라 다양한 자체 제작 상품을 팔고 있다. 스트랜드의 로고가 담긴 제품들은 여행객에게도 인기가 높다.

람을 흔히 보게 된다. 이런 이유로 여행객 사이에서는 스트랜드 제품들이 뉴욕을 좀 아는 사람의 기념품으로 통하기도 한다. 뉴욕의 일상과 책을 잇는 18마일의 서점, 스트랜드는 지금도 자라고 있다.

아거시 ; 우리 아직 여기 있어요

뉴욕 최고의 번화가인 맨해튼 5번가에는 엠파이어스테이트 빌딩, 록펠러 센터, 트럼프 타워와 같은 기념비적 건축물이 모여 있다. 메트로폴리탄 박물관, 센트럴 파크 등 뉴욕의 랜드마크가 된 공간들과 글로벌 명품 브랜드, 호화로운 럭셔리 호텔이 자리 잡은 화려한 거리다. 5번가에서 파크 애비뉴 방향으로 걷다 보면 화려한 거리와 어울리지 않는 낡은 간판이 보인다. 행인의 눈을 끄는 간판에는 "우리 아직 여기 있어요. 1925년부터We're still Here. Since 1925"라는 글이 쓰여 있다. 이 문구에 이끌려 뉴욕에서 가장 오래된 서점인 아거시Argosy로 들어섰다.

아거시는 1925년 루이스 코헨Louis Cohen이 설립한 고서적 전문 서점이다. 코헨은 매디슨 서점의 서기로 일하며 중고서적에 대한 지식을 쌓았다. 형편이 넉넉하지는 않았지만, 돈이 생길 때마다 책 박람회에서 오래된 책을 모으는 수집가이기도 했다. 코헨은 21세가 되던 무렵, 친척에게 500달러를 빌려 아거시를 열었다.

코헨이 서점을 설립할 때만 해도 주변에는 다른 중고 서점이 많았다. 그러나 노후 건물이 재개발되고 고층 빌딩이 들어서며 치솟은 임대료를 감당하지 못한 서점들이 쫓겨나기 시작했다. 아거시는 1950년에 서점 건물과 토지를 매입했기 때문에 문을 닫지 않았지만 크고 작은 위기를 겪어야 했다. 1963년에는 한 건설사가 40층 규모의 빌딩을 짓겠다며 집요하게 협상을 요청했다. 코헨이 "가격이 충분히 높지 않다"고 농담하며 그들의 제안을 거절한 덕에 아거시는 화려한 맨해튼 거리에서 가장 오래된 서점으로 자리를 지키고 있다.

서점의 출입문에는 고서적, 한정판과 초판본, 고지도와 미술품을 판다는 설명이 적혀 있다. 아거시는 미국고서점협회Antiquarian Booksellers Association of America의 창립 멤버이자, 미국감정협회Appraisers Association of America의 회원이다. 단순히 오래된 중고 책을 파는 서점이 아니라, 진귀한 서적을 발굴하고 보존하는 공간이다. 서점 이름은 보물선으로 알려진 스페인 갤리온호에 실린 희귀한 보물을 뜻하는 단어에서 따왔다.[14] 보물이라는 이름에 걸맞게 미국 문학 작품의 초판본, 희귀본, 사인본, 고지도와 미술품 등을 취급하는 고서의 박물관이기도 하다.

코헨은 명품 도서를 알아보는 안목을 인정받아, 국가 기관의 도서관을 담당하는 중책을 맡기도 했다. 코헨은 1960년대 영부인 재클린 케네디Jacqueline Kennedy와 함께 백악관 도서

표지만 봐서는 어떤 책인지 분간하기 어려울 정도로 오래된 서적들이 있다.

관White House Americana Library을 구성했고,[15] 빌 클린턴 대통령은 홍수 피해를 입은 뉴욕 채퍼콰Chappaqua 지역의 도서 복구를 맡기면서 아거시의 정기 고객이 됐다.[16] 아거시는 이스라엘 해양 연구 도서관과 바르일란Bar-Ilan 대학에도 수천 권의 히브리어 도서를 기증했고, 텍사스 대학교와 캔자스 대학교의 도서관을 만들기도 했다. 안목과 식견을 갖춘 책장을 만들고 싶은 세계의 기관이 아거시를 찾는다.

1991년 세상을 떠난 코헨을 대신해 현재는 그의 딸들이 서점을 운영한다. 서점에서 초판본을 관장하는 첫째 딸 주디스는 "우리는 문화유산을 보호하는 사람들"이라며 "위험에 처해 있는 동시대 책들을 지키고 싶다"고 밝혔다.[17] 세계에서 가장 높은 임대료를 자랑하는 거리에 아거시가 존재하는

세익스피어의 작품들만 꽂혀 있는 책장

이유를 이들의 사명에서 읽을 수 있다. 아거시는 인류의 지적 유산을 지켜 나가고 있다.

서점의 낡은 선반 위에는 오래된 책들이 정갈하게 꽂혀 있다. 수집 욕구를 자극하는 화려한 장식은 없다. 아거시는 고서적을 사치품이 아니라 그만한 가치가 있는 명품으로 다루고자 한다. 독자들도 시간이 만들어 낸 기품을 느끼며 진지한 태도로 서점에 들어서게 된다. 아거시가 소장하고 있는 책은 30만 권이 넘는다. 지하 1층부터 6층까지, 7층 규모의 서점에는 고서적과 미술품이 가득하다. 1층에는 문학, 철학, 예술 분야의 도서가 있고, 지하에는 음악, 종교, 과학, 요리, 건축 등 다양한 분야의 도서가 무려 4만 권이 넘게 있다.

2층은 미술품이 있는 갤러리인데, 뉴욕에서 가장 많은

종류의 종이가 있는 공간이라고 한다. 수십만 장의 고지도와 포스터, 그림들이 소장되어 있다. 5층에서는 19세기부터 출간된 각국의 역사책을 읽을 수 있고, 6층에는 유명 작가의 초판본과 사인본, 편지 등을 전시하고 있다. 한편 3층과 4층은 서점의 수장고가 있는 곳으로 일반 고객은 출입할 수 없다.

아거시는 보존할 가치가 있는 책을 찾기 위해 엄청난 노력을 기울인다. 세상을 떠난 이들이 남긴 책장 전체를 구매하기도 한다.[18] 아거시의 직원들은 서재 앞에 서는 일에 대해 "자신의 지식과 재능을 시험받는 경험"이라고 말한다. 책의 가치를 정확하게 파악하기 위해 엄청난 공부가 필요하기 때문이다. 까다로운 검증 작업을 거쳐 아거시의 손에 들어온 책들은 맨해튼 서점의 3, 4층 또는 브루클린 지역에 있는 대형 창고로 이동한다. 아거시가 얼마나 많은 책을 가지고 있는지를 가늠할 수 있는 대목이다. 서점에 진열된 자료를 빼고도 도서관을 만들고도 남을 숫자의 명품 서적들이 아거시의 관리를 받고 있다.

이런 책들을 보기만 하는 것이 아니라 실제로 만지고 살펴볼 수 있다는 점은 아거시의 가장 큰 장점이다. 아거시에서는 종이에 따라 페이지를 넘기는 느낌이 확연히 다르다는 것을 알게 된다. 활자 인쇄 방식으로 나온 책도 있고, 요즘 즐겨 쓰지 않는 전통적인 제본 방식으로 묶인 책도 있다. 내용

만이 아니라 형식적인 부분에서도 책이 주는 즐거움이 있다
는 사실을 배울 수 있다.

아거시에서는 책을 빨리 사야 할 이유가 없다. 수백 년
의 세월 동안 여러 사람의 손을 타고 아거시로 건너온 책들에
서는 풍부한 이야기를 발견할 수 있다. 다른 곳에서 접할 수
없는 책들이 있기에 독자는 아거시의 서재 사이에서 걸음을
늦출 수밖에 없다. 오히려 걷는 시간보다 멈춰서 책을 보는 데
쏟는 시간이 더 많다. 아거시는 오래된 책에서 떨어져 나온 표
지와 내지를 낱장으로도 판매한다. 완전한 책은 아니지만 저
자의 필체와 서명이 고스란히 살아 있다. 아거시에서는 한 장
의 종이도 가볍게 느껴지지 않는다.

시간을 느낄 수 있는 장소

초록색 갓을 쓴 전등이 있는 따뜻한 공간. 타닥타닥 소리를
내는 타자기와 오래된 책들이 쌓인 서가. 아거시는 많은 이들
의 상상 속 서점과 닮아 있다. 한국 시인의 시집을 건네자 사
인본을 관장하는 코헨의 딸 나오미가 작가의 이름을 여러 차
례 되묻고 받아썼다. 작가의 나이, 직업과 함께 그가 살았던
시대에 대해 묻기도 했다. 다른 하나는 미국 작가 E. B. 화이
트E. B White의 수필집《여기, 뉴욕Here is New York》의 한국어 번역
본이었다. 나오미는 놀라워하면서 "그의 책이 얼마나 유명한

지 아느냐"고 물었다. 《여기, 뉴욕》은 1948년 뉴욕 풍경에 대한 섬세한 묘사가 돋보이는 뉴욕의 스테디셀러다. 나오미는 "《여기, 뉴욕》의 외국어 번역본은 처음 본다"며 "특별한 손님들이 자주 오는 5층의 전시관에 보관할 것"이라고 덧붙였다.

서점을 여행할 때면 늘 한국에서 서점의 가치와 잘 맞는 책을 가져갔다. 책을 기부하거나 판매하는 과정에서 자연스럽게 서점 직원과 대화를 나눌 수 있기 때문이다. 해외 서점에 가면 한국 책이 거의 없거나, 있어도 오래된 자료라는 점이 아쉽기도 했다. 실제로 서점에서 준비한 책을 건네면서 직원들과 깊은 대화를 나눌 수 있었다. 나오미는 서점을 여행하는 이유를 조금 더 묻더니 "고지도와 그림들을 보러 가자"

《여기, 뉴욕》의 한국어 번역본을 보고 반가워하는 나오미

며 승강기로 안내했다. 아거시의 수동식 승강기는 직원이 핸들을 돌려야 움직였다. 건물 전체가 마치 하나의 거대한 골동품처럼 느껴졌다.

갤러리에 들어서자 엄청난 양의 고지도와 지구본, 회화 작품과 포스터가 보였다. 뉴욕에서 가장 많은 종이 작품이 있다는 설명에 고개가 절로 끄덕여졌다. 서점에서 1500년대 지도가 전시된 모습을 보리라고 상상이나 했겠는가. 나오미는 "일부 작품은 온라인 사이트에서도 구매할 수 있지만, 작품의 진가를 알려면 서점에 꼭 방문해야 한다"고 강조했다. 종이 질감과 두께와 같은 정보를 가까이서 확인할 수 있고, 공간과 그림이 어울리며 만들어 내는 분위기를 느낄 수 있기 때문이다.

나오미는 1947년 발간된《예일 셰익스피어 Yale Shakespeare》라는 책을 추천했다. 예일 대학에서 셰익스피어 문학을 해석한 책으로, 셰익스피어의 전기와 당대의 사회 환경, 예일 대학의 풍부한 해석이 담겨 있는 책이다. 그녀는 책 설명에 저자와 출간 당시의 상황에 대한 이야기를 덧붙였다. 서점에서 책을 찾는 것은 자신에게 울림을 주는 문장들을 발견하는 과정이다. 오래된 서점에는 독자에게 깨달음을 주는 책이 그만큼 많고, 책을 읽는 행위를 더 풍요롭게 해주는 조예 깊은 직원들이 있다. 나오미와 대화를 나누며 한국에서 책을 가져오길 잘했다는 생각이 들었다.

아거시는 책을 파는 곳이기도 하지만 책의 가치를 감정하고 복원하는 곳이기도 하다. 코헨이 서점을 운영할 때부터 지금까지 수천 건의 작품들을 감정했다. 감정 비용으로 시간당 일정 금액을 받지만, 가치를 알아보기 위해 온 사람들에게는 무료로 상담을 해준다. 1000달러의 감정가를 확인받기 위해 300달러를 쓰는 것은 옳지 않다는 생각에서다. 고서 복원 전문가를 고용해 책 수리 서비스도 제공한다. 오래된 책들은 아거시에서 새로운 외피를 입고, 바인딩 작업을 거쳐 다시 태어난다. 아거시에 복원을 맡기면 얼룩이나 주름이 생기지 않게 하는 온도 조절 방법, 얇은 종이를 보강하기 위해 린넨을 덧대는 방법 등을 자세하게 설명해 준다. 단순히 책이나 서비스를 판매하는 곳이 아니라, 책의 가치를 이해하고 아끼는 사람들이 모이는 공간이다.

서점 2층의 갤러리에는 고지도와 그림들이 전시되어 있었다.

아거시에서는 어떤 욕구를 가진 독자라도 원하는 책을 발견할 수 있다. '풋 바이 북스Foot by Books' 서비스를 이용하면 고객을 위한 맞춤형 서재를 기획해 준다. 책장에 꽂힐 책들은 작가나 주제는 물론 제본 방식이나 디자인, 종이, 서체, 발행 연도, 서명 유무 등을 고려해서 까다롭게 선정된다. 방대한 양의 책을 활용할 수 있는 서점만이 제공할 수 있는 서비스다.

주변 사람에게 좋은 책을 추천하고 싶은 사람이라면 아거시의 선물 추천 서비스를 이용할 수 있다. 선물을 받을 사람에 대한 정보를 알려 주면 예산과 취향에 맞춰 적합한 책을 골라준다. 실제로 아거시의 단골손님들은 선물 추천 서비스를 자주 이용한다고 한다. 아거시의 홈페이지에는 '상사에게 선물하고 싶은 150달러 안팎의 사진집'이나 '은사를 위한 100달러 내외의 역사책' 등을 추천받은 고객들의 후기를 읽을 수 있다. 아거시는 책 추천 서비스가 매출에도 크게 기여한다고 말한다. 아거시의 고객들은 할인이나 포인트 제도보다, 아거시의 안목이 담긴 서비스에 더 많은 매력을 느끼는 것이다.

아거시에 대해 한 독자는 "시간의 영향을 받지 않을 장소"라고 평가했다. 이것은 단순히 시류에 휩쓸리지 않는 서점이라는 의미가 아니다. 90년이 넘는 시간 동안 같은 자리를 지키고 있는 아거시는 수많은 나이테를 두르고 있는 나무처럼 하루하루 무게감을 더해 간다. 아거시에서는 책을 통해 후대에 지식을 전하고자 했던 인류의 노력을 엿볼 수 있고, 그들의 역사를 지키려는 이들의 사명감을 느낄 수 있다. 그리고 이런 행위의 가치를 알아보는 독자들로 인해 아거시의 역사는 조금 더 두터워진다.

페르세포네 ; 다채로운 회색의 공간

블룸스버리 거리는 런던에서 가장 지적인 곳으로 꼽힌다. 화려한 볼거리나 아름다운 풍경은 없지만, 런던의 지성을 상징하는 대영 박물관이나 런던 대학교처럼 오랜 역사를 간직한 공간들이 방문객의 발길을 사로잡는다. 20세기 초반, 블룸스버리 거리에는 빅토리아 시대의 관습을 타파하고 개방적인 문화를 지향하는 지적인 모임이 생겼다. '블룸스버리 그룹'이라고 불리는 모임에는 《인도로 가는 길》의 저자 에드워드 포스터Edward Forster와 경제학자 존 케인스John Keynes, 미술 평론가 로저 프라이Roger Fry 등이 참여했다. 모두 케임브리지 대학 출신의 명망가들이었다.

이들 가운데 정규 교육을 받지 못한 한 사람이 있었다. 블룸스버리 그룹의 유일한 여성, 버지니아 울프Virginia Woolf다. 울프의 아버지는 《영국 인명사전》을 편찬한 레슬리 스티븐Leslie Stephen으로 교육열이 높은 사람이었다. 스티븐은 시대 상황 때문에 학교에 다니지 못하는 딸을 직접 가르쳤다. 아버지의 방대한 서재를 놀이터 삼아 성장한 울프는 성인이 되어 블룸스버리 그룹의 일원으로 활동하며 다양한 분야의 지식인들과 교류했다. 그의 저서 《자기만의 방》에는 여성들이 가사와 육아의 부담에서 벗어나 창조력을 펼칠 수 있는 시대가 오기를 갈망했던 울프의 바람이 담겨 있다.

울프가 살았던 시대로부터 한 세기가 지난 지금, 블룸스버리 거리에는 울프와 같은 여성 작가를 위한 서점, 페르세포네 북스Persephone Books가 있다. 페르세포네는 20세기 여성 작가의 작품을 다룬다. 여성들의 작품 활동을 경시했던 당대의 분위기로 인해 공정하게 평가받지 못한 이들의 소설과 산문집을 출간하고 판매한다. 소외된 여성 작가들의 가치를 조명하는 서점이자 출판사다.

블룸스버리 거리의 페르세포네 서점. 문을 열고 들어가 보기 전에는 작은 동네 서점과 다를 바 없다고 느낄 만큼 소박한 분위기다.

니콜라 보만Nicola Beauman은 1998년 런던의 지하 방에서 서점 문을 열었다. 처음부터 여성 작가를 위한 서점을 계획한 것은 아니었다. 보만은 역사 속에서 제대로 평가받지 못한 작품을 내겠다는 계획만 가지고 있었다. 하지만 그에 맞는 작품의 대부분이 제1, 2차 세계대전 중에 나온 여성 작가의 작품이라는 사실을 알게 됐다. 보만은 서점의 이름을 페르세포네로 바꾸고 여성 작가들의 작품을 발굴하기 시작했다. 21번째로 출간한《미스 페티그루의 어느 특별한 하루Miss Pettigrew Lives for a Day》가 베스트셀러가 되고, 영화화되면서 서점은 지하방에서 나와 블룸스버리 거리로 위치를 옮겼다.

서점에 영감을 준 페르세포네는 그리스 신화에 등장하는 여신의 이름이다. 풍요의 여신 데메테르의 딸로, 수선화를 따다가 그녀의 미모에 반한 지하 세계의 신 하데스에게 납치됐다. 페르세포네는 데메테르의 간곡한 요청으로 지상으로 돌아오지만, 지하 세계에서 먹은 석류로 인해 1년 중에 정해진 기간만 데메테르 곁에 머물 수 있었다. 페르세포네가 데메테르의 곁에 있는 동안은 모든 생명이 풍요롭게 자랐지만, 그렇지 않을 때는 대지가 얼어붙어 지금의 겨울이 됐다는 전설이 있다. 창조력을 가지고도 어두운 세계에 갇혀서 살았던 페르세포네가 20세기의 여성 작가들이라면, 데메테르와 같은 역할을 서점이 하고 있는지도 모른다. 페르세포네는 역사 속에서 소외된 여성 작가를 찾아내고, 이들의 작품이 빛을 보게 돕는다. 시대적 상황 탓에 재능을 펼치지 못한 여성들의 창조력을 응원한다.

런던의 짙은 안개를 닮은 회색의 외관에 수선화가 피어 있는 서점은 한눈에 강렬한 인상을 주는 곳은 아니다. 페르세포네에 진열된 책들도 모두 회색이다. 표지가 모두 같은 색이라 서점에 들어가면 한 종류의 책밖에 없다고 오해할 법하다. 그러나 책장에 다가가 표지를 넘겨 보면 모두 다른 작가의 작품이라는 사실을 알게 된다. 회색 표지를 넘기면 대담한 컬러와 프린트가 돋보이는 면지(面紙, 책의 처음과 끝에 들어가는 색지)가 나타나기 때문이다.

페르세포네가 발간한 책들의 표지를 펼쳐 보면 다양한 패턴의 면지가 나온다. 여성 작가들의 작품에 고유한 가치가 있다는 것을 알려 주기 위한 장치다.

회색 외피에 화려한 면지가 들어간 구성은 첫 번째 책을 낼 때부터 지금까지 고수하고 있는 원칙이다. 페르세포네의 첫 출간 도서는 시슬리 해밀턴Cicely Hamilton의 소설《윌리엄 – 잉글리시맨William - an Englishman》이었다. 여성 참정권 운동이 활발했던 제1차 세계대전 시기에 결혼한 여성의 이야기를 담은 작품이다.《윌리엄》의 면지는 울프와 함께 블룸스버리 그룹 멤버로 활동했던 평론가 로저 프라이가 설립한 오메가 공방이 디자인했다. 파멜라Parmela라는 이름의 패브릭에는 검은색 윤곽선의 도형이 패턴처럼 배열되어 있다. 정적이고 엄격한 느낌을 주는 디자인이지만 여성 참정권 운동을 이끈 여성들인 서프러제트Suffragette를 상징하는 파랑, 초록, 보라색을 사용해 소설의 의미를 살렸다.

면지에는 도서의 최초 발행 연도에 나온 상품들 중에서 작품의 주제나 분위기에 어울리는 패턴이 담긴다. 1970년대 발행된《한여름 밤의 작업장Midsummer Night in the Workhouse》의 면지에는 당대에 유행한 가구 직물 디자인을 활용했다. 1930년에 발행된《집으로 가는 길The Journey Home and Other Stories》은 평범한 사람들의 이야기를 독특한 시선으로 풀어낸 책인데, 면지에는 1933년 브래드포드Bradford 예술 학교 학생 스탠리 윌킨슨Stanley Wilkinson의 디자인을 사용했다. 하지만 이처럼 다양한 면지를 보려면 책을 직접 꺼내 펼쳐 봐야 한다. 어떻게든 독자들이 책을 열어 보게 만드는 방식은 주목받지 못한 작가들을 소개하려는 서점의 철학과 밀접하게 연결된다. 서점은 다양한 면지 패턴처럼 여성 작가들의 작품에 각기 다른 가치가 있다는 사실을 알려 주려 하며, 독자들이 책을 직접 열어 봄으로써 작가들의 이름을 기억해 주기를 바란다.

《치어풀 웨더 포 더 웨딩Cheerful Weather for the Wedding》이라는 책을 펼쳐 보자 직원이 미소를 지으며 말했다.

"이 패브릭은 매들린 로렌스Madeleine Lawrence가 디자인한 드레스용 디자인이에요. 1932년 작품이죠."

면지에는 일상생활에서 사용하는 가구와 옷감에서 따온 패턴이 많이 반영된다. 가구나 의류가 여성 디자이너의 활동이 두드러지는 분야이기 때문이다. 페르세포네에게 디자인은 오랜 시간 가치를 인정받지 못한 작품들에게 고유한 아름다움을 선물하는 방식이다. 책을 사면 면지와 같은 패턴으로 만든 책갈피도 주는데, 독자에게는 페르세포네에서만 구할 수 있는 스페셜 에디션을 샀다는 만족감도 준다.

페르세포네는 1998년 문을 연 이후 지금까지 128권의 도서를 출판했다. 앞으로는 20세기 전후의 작품들로 목록을 확대할 예정이라고 한다. 하지만 서점은 단순히 여성 작가라는 이유로 작품을 내지는 않는다. 이들은 많은 책을 내는 것보다 뛰어난 작품성을 가지고 있음에도 그 가치를 평가받지 못한 작품을 알리는 데 초점을 맞춘다. 단순히 책을 내는 데서 그치지 않고 작가의 생애를 폭넓게 전하려 한다. 설립자 보만 은 매해 한 권의 책을 내는 것을 목표로 했다고 한다. 페르세 포네가 책을 내기 위해서는 관련 기록이 많지 않은 인물의 스 토리와 역사까지 조사해야 하는 만큼 오랜 시간이 걸린다. 느 리지만 신중하게 움직이는 것이 서점의 철학이다. 페르세포 네의 직원들은 말한다.

"사람들이 우리가 발간할 책을 어떻게 발견하느냐고 물 으면, 그들이 생각할 수 있는 모든 방법을 동원한다고 답합니 다. 우리는 도서관과 중고 서점을 찾아다니고 다양한 자료를 읽습니다. 그리고 책을 추천하는 사람들을 직접 만납니다."

페르세포네에서 책을 사면 면지와 같은 패턴의 책갈피를 함께 준다. 면지 디자 인은 책의 최초 발행 연도와 주제를 고려해 선정한다.

런던에서 찾은 '자기만의 방'

페르세포네가 발간한 루스 애덤Ruth Adam의 책《어 우먼스 플레이스A Woman's Place : 1910~1975》에는 당시 여성의 역할을 설명하는 구절이 있다. 여성들은 사회에 관심을 가지지 말아야 하고 매혹적인 여성이 되어야 하며 자녀에게 강박적으로 헌신해야 한다는 것이다. 여성은 시민으로서의 역할을 수행할 수 없었고, 가사와 육아에만 힘써야 했다. 버지니아 울프는 남성만이 권력과 부를 얻는 구조에 의문을 던졌다.《자기만의 방》에는 이런 구절이 있다.

"여성이 자유를 얻는 데 필요한 두 가지가 충족되면 미래에는 여성 셰익스피어가 나올 수 있다. 하나는 경제적 독립이며 다른 하나는 혼자만의 시간을 가질 수 있는 자기만의 방이다."

페르세포네는 여성이 가질 수 있는 자기만의 방이다. 서점에서 여성 작가들은 누군가의 딸이나 아내, 며느리나 어머니가 아니라 작품성과 창조력으로 인정받는다. 20세기의 여성 작가들에게 이런 공간이 있었다면 우리는 더 많은 여성 작가들의 작품을 일찍 만날 수 있었을지도 모른다. 대신 서점은 자기만의 방이 필요한 오늘날의 독자들을 위한 공간이 되어주고 있다. 서점은 실제 영국의 가정집처럼 꾸며져 있다. 티테이블 위에는 침실에 어울릴 법한 조명이 있고, 옆에는 안락한 소파가 있다. 어디든 편하게 앉아서 머무를 수 있기를 바라는 배려다. 서점은 오후 4시가 되면 하던 일을 중단하고 홍차와 쿠키를 함께 먹는 애프터눈 티타임을 가진다. 영국 가정에서 일상적으로 즐기는 티타임은 페르세포네를 독자의 작은 방으로 느끼게 하는 또 하나의 요소다.

여성 작가의 작품과 생애를 알리기 위한 오프라인 커뮤니티도 열린다. 2018년 2월에는 영국의 소설가 다이애나 터튼Diana Tutton의 딸 틸다 욜랜드Tilda Yolland를 초청해 터튼의 책 《당신의 딸을 보호하라Guard Your Daughter》에 관한 대화를 나눴다. 다이애나 터튼은 제2차 세계대전 이후 여성들이 스스로 환경을 개척해 나가는 이야기를 주로 다룬 작가지만, 역사적으로 남아 있는 자료가 거의 없다. 서점은 그의 딸을 초청해 터튼에 대한 이야기를 듣고, 3월에는 터튼이 나고 자란 리치필드Lichfield를 방문하는 프로그램을 진행했다. 터튼의 생가에서 작품의 의미를 되새겨 보는 시간이었다.

이와 함께 서점은 온라인 공간에서 여성 작가에 대한 풍부한 정보를 제공한다. 책 소개와 함께 서점이 발굴한 여성 작가들의 생애도 자세하게 설명한다. '포스트' 코너에서는 매주 서점과 관련 있는 사진과 그림을 소개하고, '포럼'은 매달 출간 도서에 관한 깊이 있는 평론을 제공한다. 뉴스레터를 구독하면 서점이 주목하는 이슈를 받아 볼 수 있다. 서점은 여성 작가들의 작품이 많은 독자에게 회자되고 기억되기를 바라는 소망을 담아 다방면으로 소통한다.

런던에 머무는 사흘 내내 페르세포네를 찾았다. 직원들은 늘 서점 뒤편 사무실에서 책을 포장하고 있었다. 처음에는 대량의 도서를 한 번에 보내는 이벤트가 있을 거라고 생각했는데, 직원에게 물어보니 그런 이유가 아니었다. 서점에 직접 와서 책을 사는 고객뿐만 아니라, 정기적으로 책을 주문하는 독자들이 많다는 것이었다. 홈페이지에는 6개월이나 1년 단위로 책을 받아 보거나 선물할 수 있는 구독 시스템을 포함해 다양한 주문 방법이 안내되어 있다. 서점은 단 한 권의 책이라도 멀리까지 배송하고, 책을 직접 보지 못하는 독자들을 위해 전자책과 오디오북도 제작한다. 소실된 작품을 발굴해 알리는 서점의 투철한 사명감을 엿볼 수 있는 대목이다.

페르세포네의 독자들은 서점과 함께 20세기 여성 작가들의 작품이 지닌 가치를 되새기고 공유하는 주체적인 존재다. 독자들의 추천은 사회에서 외면 받은 여성의 삶에 대한 지지이자, 페르세포네의 문제의식에 공감을 표하는 행위다. 서점 홈페이지에서도 출간할 책을 적극적으로 제안하는 독자들의 글을 읽을 수 있다. 페르세포네에서 만든 책을 56권이나 소장하고 있다는 한 독자는 자신을 영국의 뿌리에 연결해 준 서점에 감사의 인사를 남겼다. 서점의 가치에 공감하는 독자에게 페르세포네는 유서 깊은 영국 문화의 새로운 모습을 보여 준다.

페르세포네는 독립 서점이 존재하는 이유를 명확하게 보여 주고 있다. 독립 서점은 주목받지 못한 책들의 가치를 알려 주고, 독자들은 어떤 책이든 고유한 가치가 있다는 사실에 공감한다. 그리고 자신의 고유한 관점으로 작품을 해석하면서 책의 의미를 확장시킨다.

서점 문을 나서면 회색 안개가 내려앉은 블룸스버리 거리가 펼쳐진다. 발걸음을 떼기 전에 서점 입구에 놓여 있는 수선화에 눈길이 갔다. 여신 페르세포네를 사로잡은 수선화의 꽃말은 자기애와 고결함이다. 페르세포네는 자신의 능력을 긍정하고 주체적으로 살아가고 싶은 여성을 상징하고 있다. 그리고 런던의 서점 페르세포네는 여성들을 위한 자기만의 방이다.

리브레리아 ; 바벨의 도서관

런던의 서점 리브레리아Libreria는 스페인 출신의 건축가 호세 셀가스José Selgas와 루시아 카노Lucia Cano가 설계한 독특한 디자인의 공간이다. 천장에 설치된 거울에 기다란 책장이 비쳐서 책들이 사방으로 무한히 뻗어 나가고 있는 것 같은 착각에 빠지게 된다. 책들은 대부분 책장에 꽂혀 있지만, 어떤 책들은 테이블 위에 놓여 있다. 불규칙하게 쌓여 있는 책들의 모양이 곡선의 책장과 조화를 이루며 리듬감을 만들어 낸다. 책장과 테이블을 가로지르는 통로는 딱 하나뿐인데, 서가 사이에 있는 길을 따라 걷다 보면 그제야 긴 책장이 하나로 이어져 있다는 사실을 알게 된다. 책장 안에는 사람들이 들어가 앉을 수

리브레리아의 서가는 곡선 형태로 서점 끝까지 이어져 있어 미로의 한가운데 있는 느낌을 준다.

있는 공간이 있다. 멀리서 보면 앉아 있는 사람들의 모습이 책처럼 보여서 재미있다.

리브레리아는 호르헤 루이스 보르헤스의 소설《바벨의 도서관》에서 영감을 받아 만들어졌다. 보르헤스는 이 소설에서 가상의 도서관을 창조했다. 도서관은 육각형 모양의 방들이 무한하게 이어지는 공간으로, 끝없이 펼쳐진 서가에는 세상의 모든 언어로 쓰인 책이 있다. 리브레리아를 설립한 로한 실바Rohan Silva는 "불규칙한 모양의 책장과 거울을 활용해 독자들에게 공간이 무한히 뻗어 있는 느낌을 주고 싶었다"고 했다.[19]

책장 안에 있는 소파에 앉으면 서가를 따라 걷는 사람들과 자꾸 눈을 마주치게 된다. 그중에는 "소설책을 찾다가 여기

책장에는 한 사람이 들어가 앉을 정도의 아늑한 공간이 있다. 방문객들은 이 공간에 앉아 책을 읽는다.

까지 왔다"며 서가를 헤매고 있는 사람들도 있다. 리브레리아의 책장이 워낙 크고 길기 때문이기도 하지만, 책을 분류하는 방법이 독특해서 원하는 책을 찾는 일이 쉽지 않다. 리브레리아는 시간과 공간, 뇌와 존재, 유토피아 등의 주제 아래 서점이 선별한 책들을 진열하고 있다. 일반적인 분류 기준에 익숙한 사람이라면 당황할 수밖에 없다. 내가 보고 싶은 책이 어디에 있을지 짐작하기 어렵다.

하지만 덕분에 예상치 못한 곳에서 마음에 드는 책을 발견하기도 한다. 제인 오스틴의 고전을 찾다가 에밀리 베리Emily Berry, 앤 카슨Anne Carson, 소피 콜린스Sophie Collins의 시집《If I'm Scared We Can't Win》을 구입한 나처럼 말이다. 서점 직원은 "우리 서점에서 처음으로 19세기 도서를 샀다는 독자가 있다"며 "리브레리아에서는 세렌디피티serendipity를 즐겨야 한다"고 말했다. 세렌디피티는 우연한 발견이라는 의미인데, 이 공간에서는 평소의 관심사와 전혀 다른 선택을 해볼 수 있다는 이야기였다.

설립자인 실바는 리브레리아가 창의적인 충돌과 확산이 일어나는 공간이기를 바랐다. 그는 데이비드 캐머론David Cameron 전 영국 총리의 정책 자문을 맡았던 인물로, 이스트 런던 지역을 영국의 실리콘밸리로 개발하는 테크 시티Tech City 프로젝트[20]를 이끌었다. 실바는 이 프로젝트에서 스타트업과 협

천장과 책장 옆에 설치된 거울 때문에 책들이 사방으로 뻗어 나가는 것 같다.

업했던 경험을 살려 소셜 플랫폼인 세컨드 홈Second Home을 만들었다. 세컨드 홈은 네트워크에 중점을 둔 공동 작업 공간으로 다양한 사람들이 모여들고 자연스러운 협업이 일어나는 커뮤니티를 지향한다.

리브레리아는 세컨드 홈의 두 번째 공간 프로젝트다. 실바는 영감을 주는 공간에서 아이디어가 확장되고 관계가 넓어질 수 있다고 생각한다. 그의 바람처럼 리브레리아에서는 경제 서적을 찾는 독자와 악보를 찾는 독자가 같은 책장 앞에서 만날 수 있다. 편집자, 조각가, 정치인 등 전문 큐레이터가

리브레리아는 시간과 공간, 유토피아, 뇌와 존재 등의 주제로 도서를 큐레이션한다.

아닌 사람들이 큐레이션한 책장도 있다. 지금까지 소설가 지네트 윈터슨Jeanette Winterson, 런던 시장 사디크 칸Sadiq Khan 등이 영감을 받은 책을 독자들과 공유했다.

　서점 직원은 도서 분류 카테고리를 유동적으로 운영하는 이유에 대해 "일반적인 주제를 벗어나 영감을 주는 아이디어를 독자와 공유하기 위해서"라고 이야기했다. 독자들에게 좀 더 참신한 관점을 제공하기 위해 직원들은 서점이 입고한 대부분의 책을 직접 읽는다고 한다.

　독자들이 선택한 책들이 꽂힌 책장이 있어도 좋겠다고 생각했다. 출퇴근길에 읽기 좋은 분량의 책이나 복잡한 생각을 정리하는 데 도움을 주는 책 같은 주제라면 어떨까. 이런

저런 상상을 하다가 누군가와 부딪혔다. 나처럼 여행 중이라
는 그에게 인생의 목표를 물었다. 갑작스러운 질문임에도 그
는 "목표를 정하면 그것이 곧 한계가 되니 목표를 정하지 않
는다"고 답했다. 우연히 만난 사람의 준비되지 않은 답변이라
기에는 근사했다. 나에게는 목표가 한계를 뛰어넘기 위한 과
제 같은 것인데 그에게는 반대였다. 서점 안에서 독자들은 대
화를 통해 즐거운 충돌을 경험하고 서로의 세계를 확장한다.

리브레리아의 서재는 늘 새로운 주제로 업데이트되고
있다. 다음에 서점을 찾을 때에는 또 어떤 책장 앞에서 어떤
사람과 마주치게 될지 모른다. 하지만 이런 서점에서라면 언
제든 길을 잃어도 좋겠다는 생각이 들었다. 새로운 만남을 통
해 나의 시야를 넓히는 것이야말로 책의 가치이자, 리브레리
아가 꿈꾸는 서점의 역할이기 때문이다.

스마트폰을 끄고 나에게 집중하기

'문자 메시지, SNS 접속, 인터넷 검색, 전화 통화 등 스마트폰
과 태블릿 PC를 포함한 모든 디지털 기기의 사용을 제한합니
다.' 리브레리아는 디지털 프리 정책을 내걸고 있다. 쉼 없이
울리는 스마트폰 알람에서 벗어나 책에만 집중해 보기를 바
라는 마음에서다. 영화관이나 도서관도 아니고, 서점에서 스
마트폰을 사용하지 말라니 당황스러웠다.

불편하겠다는 생각도 잠시, 서점의 분위기에 익숙해지자 오히려 독서가의 권리를 누리고 있다는 생각이 들었다. 스마트폰이 없는 서점은 책을 읽고 싶은 독자가 누구에게도 방해받지 않을 수 있는 공간이었다. 손으로 책장을 넘기는 소리나 간간이 들리는 대화 소리를 빼고는 별다른 소음이 들리지 않았다. 이런 생각을 한 손님이 나만은 아니었나 보다. 서점 직원 패디 버틀러Paddy Butler는 언론 인터뷰에서 "고객들은 스마트폰 금지 정책을 고마워한다"고 했다.[21] 방해물이 없는 공간에서 창의력이 샘솟는 경험을 해본 이들일 것이다.

무엇보다 스마트폰이 없으니 나 자신의 생각에 귀를 기울일 수 있었다. 리브레리아에서는 나의 생각과 느낌을 믿고 책을 골라야 한다. 서점에서 발견한 관심 있는 책을 두고도 다른 이들의 평가를 찾아보기 위해 인터넷에 접속하곤 했던 나로서는 색다른 경험이었다. 다른 독자들의 서평을 읽기도 했고, 더 낮은 가격으로 책을 구할 수 있는 곳이 없는지 검색하기도 했다. 눈앞의 책을 살지 말지 판단하기 위해 누군지도 모르는 이들의 평가에 의존해 왔다는 사실이 조금은 부끄러웠다.

책을 읽고 고르는 일에 집중하는 서점이지만 지루하거나 답답한 공간은 아니다. 흥미로운 이벤트들이 자주 열려서 많은 런던 시민들이 방문하고 싶어 하는 곳이다. 리브레리아는 카페이면서 공연장이고, 미술관이다. 보통 서점에서는 문학 작품과 작가에 관한 행사를 열지만, 리브레리아는 음악 공연이나 영화 상영, 이슈 토론, 위스키 파티와 디저트 페어링 등의 다양한 주제로 이벤트를 개최한다. 영국 일간지 《파이낸셜 타임스》 에디터 출신인 리브레리아 직원 샐리 데이비스 Sally Davies는 한 인터뷰에서 "우리는 파리의 문학 살롱 같은 커뮤니티가 되기를 바란다. 서점에 오지 않을 사람들을 모을 수 있는 이벤트를 개최하는 것은 목표를 이루기 위한 완벽한 방법"이라고 했다.[22]

2016년 8월 영국의 지하철이 24시간 운행을 시작한 날에는 '취한다는 것에 대하여'라는 주제로 밤새 서점에 머물 수 있는 행사를 열었다. 술을 마시며 대화를 나누고, 마틴 스콜세지 감독의 영화 〈특근After Hours〉을 상영하고, 아침에는 베이글을 먹으며 시를 낭송하는 것으로 마무리된 행사였다. 이 밖에도 '박자와 탐색'이라는 주제로 악기를 배우는 행사나, 활자 인쇄 및 서적 바인딩을 주제로 한 워크숍 등이 열렸다.

리브레리아에서 태어나는 질문과 대화는 알고리즘이 해낼 수 없는 방식으로 독자와 책을 연결한다. 디지털에서 멀어진 리브레리아가 추구하는 아날로그는 단순히 느린 속도를 지향하거나 과거로 돌아가자는 의미가 아니다. 지적 탐험이라는 서점의 역할에 집중하고, 그 역할을 더 강화할 수 있는 방향으로 나아가자는 의미다. 확장의 세계, 리브레리아로 들어가기 위해 차단해야 하는 것은 스마트폰이 아니라 익숙하고 편한 것에 머물러 있는 사고방식일지도 모른다.

보니의 요리책 서점 ; 모든 삶에는 요리가 있다

서점을 찾으려던 게 아니었다. 뉴욕에서의 오후, 늦은 점심을 해결하기 위해 맛있는 식당을 검색하다 사진 하나를 발견했다. 미국의 가정집 주방 같은 풍경이었다. 그런데 동네 주민이 남긴 후기에는 이 공간이 보니의 요리책 서점Bonnie Slotnick Cookbooks이라고 소개되어 있었다. 뉴욕에서 가장 멋진 레시피를 발견할 수 있으리라는 기대감으로 서점을 찾았다. 이스트 빌리지에 있는 서점은 잘 살펴보지 않으면 그냥 지나치기 십상이다. 눈에 띄는 간판도 없고 포스터조차 없다. 심지어 지하 1층에 있다. 운영 시간도 오후 1시부터 7시까지로 길지 않다. 이 동네를 구석구석 아는 주민들이 아니라면 우연히 들리기 쉽지 않은 공간이다.

맨해튼 한복판의 작은 요리책 서점에 들어서자 놀라운 풍경이 펼쳐졌다. 10평 남짓한 공간에 빼곡하게 책들이 들어차 있었다. 좁은 공간 구석구석에는 책을 읽고 있는 사람들이 있었는데 중년 남성부터 대학생, 교복을 입은 학생들까지 연령대가 다양했다. 서점의 가운데에 있는 테이블에는 접시와 주전자, 술잔과 냅킨 등 주방에 있어야 할 소품들이 놓여 있다.

가정집에 들어온 것처럼 아늑한 느낌을 주는 보니의 요리책 서점

서점의 분위기는 가정집 주방처럼 친근했다. 대부분의 가정에서 그런 것처럼 높낮이나 색깔이 다른 책장들이 다닥다닥 붙어 있다. 같은 칸에 꽂힌 책의 크기도 다 다르고, 어떤 책들은 가로로 뉘어져 있기도 했다. 자세히 보니 대개는 읽은 흔적이 있는 손때 묻은 도서였다. 보니의 요리책 서점은 요리 분야의 희귀한 도서를 모아 놓은 서점이다.

보니는 서점 주인의 이름이다. 1972년 파슨스 디자인 스쿨에 입학한 보니는 대학 도서관에서 일하면서 새로운 적성을 찾았다. 오래된 책을 읽고, 낡은 표지를 수선하며 자신이 진짜 좋아하는 것은 패션이 아니라 책이라는 사실을 알았다. 대학

졸업 후에는 편집자로 일하며 글을 썼고, 출판사를 나온 후에는 프리랜서 아티스트로 16년간 활동하며 여러 서점에서 도서 큐레이션을 했다. 요리책 서점에서 일하면서 요리책에 대한 애정이 깊어져 수많은 국가를 방문하며 2000권이 넘는 책을 모았고, 1997년 요리책 전문 서점을 열었다.[23]

20여 년이 흐른 지금, 서점에는 5000여 권의 요리 서적이 있다. 빵이나 소스를 만드는 법, 테이블 에티켓 등을 다룬 책도 있고, 요리사의 전기와 회고록, 요리 역사서까지 종류가 다양하다. 요리책에 대한 남다른 애정과 디자이너의 감각이 어우러진 1960년대풍의 서점은 뉴욕에서 가장 아늑하고 달콤한 공간이라 부르고 싶을 정도로 편안하다.

보통 서점에 들어가면 이 공간이 방문객에게 가장 보여 주고 싶은 것이 무엇인지 파악할 수 있다. 책을 파는 것이 목적이라면 책을 쉽게 찾을 수 있도록 검색 시스템을 설치하고, 서가에서 계산대까지의 동선을 효율적으로 구성한다. 책을 읽게 하고 싶다면 테이블과 의자, 은은한 조명이 필요하다. 독자와 대화를 나누고 싶다면 주인의 캐릭터를 강조할 것이다. 자필로 쓴 추천사, 독자와 대화를 나누고 싶은 주제를 붙여 두고 독자가 먼저 말을 걸어 주길 기다리면서 말이다.

보니의 요리책 서점은 방문객들이 요리에 관심을 갖게 되기를 바라는 것 같았다. 서점은 책을 책장 밖에 두거나, 책장 안에 그릇이나 냅킨 같은 소품을 두기도 했다. 의자에 걸려 있는 주방 타월과 오래된 선반 위의 항아리, 옷걸이에 걸어 둔 앞치마는 가족들이 모여서 밥을 먹는 부엌의 풍경을 떠올리게 한다.

책장과 테이블, 선반과 의자 위에 놓여 있는 책들을 자세히 살폈다. 이탈리아 요리, 술탄의 주방, 1001가지 머핀, 해와 불의 맛. 몇 가지 주제만 봤을 뿐인데도 지역 특색이나 취향에 따라 요리가 얼마나 다양해질 수 있는지 느낄 수 있었다. 색깔별로 식재료를 구분한 책도 있고, 음식으로 몸을 치유하는 방법에 관한 이야기, 주방 인테리어와 소품을 소개하는 책도 있었다. 요리는 단순히 끼니를 해결하는 문제 이상의 의미를 담고 있었다.

보니는 요리에 관한 모든 책을 갖고 있다면서 100명을 위한 요리나 보트 위에서의 요리처럼 다양한 상황에서 가능한 요리법을 알려 줄 수 있다고 말한다. 서점의 주요 고객은 디자이너, 역사가, 소설가, 일러스트레이터까지 다양한 편이다. 보니는 한 인터뷰에서 절판본이나 희귀본만을 다루는 이유에 대해 "지금은 찾아볼 수 없는 당시의 환경과 메시지가 들어 있기 때문"이라고 했다. 예를 들어 19세기 여성들은 성경책과 요리책만 가지고 있을 수 있어서, 요리책에 자신의 생각을 남겼다고 한다.[24] 요리는 예술이면서 역사이고, 작품인 동시에 추억이다.

초콜릿을 소개한 책을 폈다. 요리책에 흔히 있는 그림이나 사진이 없었다. 보니에게 "사진은 없고 전부 글씨뿐이네요"라고 멋쩍게 말하자, 그녀는 글만으로도 충분히 재미있게 읽을 수 있을 것이라고 했다. 보니는 요리책도 다른 책처럼 읽을 수 있다고 말한다. 책을 읽고 내용에서 표현하는 맛을 상상하면 사진이나 그림이 없어도 괜찮다.

보니의 요리책 서점은 요리를 즐기지 않는 사람도 요리와 연결될 수 있다는 즐거움을 알려 주는 곳이다. 한 이웃 주민이 책을 골라 달라고 하자, 보니는 그의 근황에 대해서 묻고, 식사를 함께하는 가족들의 취향을 궁금해했다. 어떤 종류의 요리를 할 것인지가 아니라 책을 읽을 사람에 대해 묻는 보니는 요리책을 단순한 실용서 이상으로 대하고 있었다.

보니는 책 추천을 위해 다양한 질문을 한다. 독자가 선물하고 싶은 책을 추천해 달라고 하면 보니는 선물받는 사람의 직업이나 사는 지역, 외출할 때 주로 가는 레스토랑, 사용할 수 있는 언어, 책을 읽는 습관에 대해서까지 묻는다고 한다. 예를 들어 30대 여성 디자이너가 출퇴근길에 읽을 책을 부탁하면 일러스트레이션이 가미된 손바닥 크기의 이탈리아 요리책을 골라 준다. 물론 모든 책은 보니가 직접 읽고 추천한다.[25]

보니의 요리책 서점에 처음 갔을 때는 책을 사지 못했

다. 내가 아는 요리의 개념과 너무 다른 공간이라, 어떤 책을 봐야 할지 선뜻 감이 잡히지 않아서였다. 서점을 나와 일단 시장으로 갔다. 이 계절에 가장 신선한 재료들이 무엇인지 살펴봤다. 며칠 후에 다시 서점을 찾아 가서 보니에게 나를 위한 책을 골라 줄 수 있는지 물었다. 보니는 노란색 표지의 어린이 책을 추천했다. 《달콤한 파이》라는 그림책이었다. 어린이들이 꺼낼 수 있도록 책장 아래쪽에 있었는데, 보니는 고민도 하지 않고 금방 책을 찾아냈다.

보니가 골라 준 책을 받아 들고 뉴욕에서 가장 달콤한 장소가 어디인지 물었다. 관광객이 좋아할 만한 유명 레스토랑을 알려 줄 거라고 생각했지만, 뜻밖에도 어느 사탕 가게에 대한 이야기를 들려줬다. 보니는 어린 시절 아버지가 그 가게에서 사준 사탕이 얼마나 달콤했는지 이야기했다. 그러면서 뉴요커라면 사탕 가게에 얽힌 어린 시절의 추억이 하나쯤 있다고 덧붙였다. 그가 먼저 자신의 이야기를 꺼내자, 나 역시 나의 일상과 가족에 대해 말할 수 있었다. 요리에 얽힌 추억들도 떠올랐다. 한참의 대화를 뒤로하고 서점을 나왔다. 아쉬운 마음에 보니가 알려 준 사탕 가게로 향했다. 달콤한 사탕을 먹으며 특별한 요리만 가치 있는 것은 아니라는 생각을 했다. 보니의 요리책 서점에서 배운 것은 요리를 잘하는 방법이 아니라, 요리가 나의 삶과 연결되어 있다는 깨달음이었다.

아이들와일드·돈트 북스 ; 여행의 의미를 묻다

아이들와일드Idlewild는 맨해튼의 유일한 여행 서적 전문 서점이다. 알록달록한 외관은 단정한 분위기의 고급 주택가 그리니치빌리지에서 가장 눈에 띈다. 서점의 주인 데이비드 델 베키오David Del Vecchio는 유엔에서 근무하며 전 세계로 출장을 다녔다. 직업 특성상 여러 나라에 대한 정보를 찾을 일이 많았고, 여행자를 위한 책을 모아 둔 공간이 없다는 사실을 깨달았다. 여행을 떠나기 전과 여행에서 돌아온 후에 꼭 필요한 것들을 고민하며 자료를 모은 그는 2009년 존 F. 케네디 공항의 옛 이름을 따 아이들와일드 서점을 열었다.

아이들와일드는 맨해튼 유일의 여행 전문 서점이다.

여행 전문 서점답게 서가는 국가별로 나뉘어 있다. 영국 코너에는 런던은 물론 다양한 지역 정보가 담긴 가이드북이 있다. 자전거로 여행하기 좋은 길, 100달러로 떠나는 여행, 가을의 파리 풍경 등 테마에 따른 여행책도 다양하게 구비하고 있다. 목적지까지 가는 이동 수단과 동행에 따라 달라지는 여행 코스를 보면서 장소 자체에 대한 정보만을 얻기보다 여행을 하는 과정과 방법에 대해 고민하게 된다.

프랑스 코너에는 꽤 이색적인 도서들이 있었다. 《10분 안에 만들 수 있는 프랑스 쿠키》, 《죽음을 위한 계획》 같은 책들이 프랑스 여행과 무슨 관련이 있는 걸까. 가이드북 옆에는 프랑스 소설과 고전 시집은 물론 만화와 동화책까지 진열되어 있었다. 서점 직원 제니퍼Jennifer에게 이렇게 다양한 분야의 도서를 구비하고 있는 이유를 물었다. 제니퍼는 "국가별로 서가를 나눈 것은 서점에서 책을 쉽게 분류하기 위한 기준이지 여행서만 두려는 것은 아니"라고 했다.

역사책은 런던에 가야 하는 이유를 알려 주고, 소설책은 19세기 런던의 분위기를 보여 주며, 수필집은 런던 거리를 걸으며 느낄 수 있는 생생한 감상을 공유한다. 아이들와일드 서점은 한 지역을 방문하는 것이 얼마나 풍요로운 경험으로 다가올 수 있는지를 알려 주는 서점이었다. 새로운 사람을 만나면 그 사람의 인생이 함께 온다는 말이 있다. 여행도 그와 같다. 새로운 지역에 가면 그 지역의 역사를 만나게 된다. 맨해튼 이민자 박물관에서는 뉴욕의 다양성이 어떻게 만들어질 수 있었는지를, 차이나타운에서 식재료를 사면서는 전혀 다른 문화가 섞이는 과정을 상상할 수 있었다.

아이들와일드는 외국어 강의도 진행한다. 스페인어, 프랑스어, 이탈리아어, 독일어 수업이 열리며 프랑스 코미디, 스페인 범죄 드라마, 프랑스 예술 영화 등 지역을 대표하는 책이나 영화를 감상하고 토론을 하기도 한다. 서점에서 스페인어 수업을 들었다는 독자는 "언어를 배우는 것뿐만 아니라 한 나라에 대한 시야를 넓힐 수 있었다"는 후기를 남겼다. 언어 자체보다는 다른 지역의 문화를 배우고 교류를 하는 데 수업의 의미가 있다.

한국의 라이프 스타일 잡지를 서점에 건넸다. 제니퍼는 잡지를 받아 들고 내 설명을 듣더니 여행과 음식, 소품 등이 함께 있는 페이지를 보면서 이렇게 말했다.

"다른 나라로 가야만 여행을 하는 것은 아니에요. 아이들와일드는 고객들이 이 서점에서 여행을 온 것처럼 영감을 얻고, 일상에서 여행의 감각을 느낄 수 있기를 바라죠."

뉴욕에서 추천하는 장소를 물었을 때, 브루클린 지역을 꼽은 제니퍼는 주말이면 뉴욕 근교로 여행을 떠난다고 했다. 같은 풍경도 늘 다르게 보인다는 그의 말이 내게는 이렇게 들렸다.

"꼭 새로운 것을 봐야 할 필요는 없다. 새로운 눈을 가지면 어디든 여행지가 된다. 지금 네가 있는 이 서점도."

런던에는 여행 전문 서점 돈트 북스Dount Books가 있다. 영국을 대표하는 독립 서점이자, 런던을 중심으로 아홉 곳의 지점이 있을 정도로 사랑받는 장소다. 돈트 북스도 여행이라는 주제에 맞게 다양한 분야의 도서를 다룬다. 그런데 돈트 북스에는 배경 음악이 없다. 런던에서 가장 조용한 곳이라는 리뷰가 있을 정도로 정적인 공간이 여행 서점이라니 의아했다.

하지만 이 공간을 방문해 보면 그 이유를 금방 알 수 있다. 여행책을 읽으면 역설적으로 지금의 내 모습에 대해 가장 많이 생각하게 된다. 누군가 여행을 통해 깨달은 가치를 나에게 적용

런던의 여행 전문 서점 돈트 북스. 아주 큰 규모의 서점이지만 공간을 채우는 배경 음악이 없어 조용하다.

해 보면서, 지금 내가 충분히 행복한지 곰곰이 생각할 기회를 가진다. 돈트 북스에서 독서를 하고 있던 사람들도 모두 자신의 삶에 대한 고민이 필요했던 게 아닐까. 돈트 북스의 직원은 한 인터뷰에서 "좋은 서점은 스쳐 지나가는 곳이 아니라 평생의 흥미로 이어질 수 있는 분야를 발견하는 관문이 되어야 한다"고 했다.[26] 좋은 여행도 비슷하다는 생각이 들었다. 좋은 여행은 한때의 추억이 아니라 앞으로의 삶의 태도를 바꾸어 놓는다.

　이후 나의 여행도 많이 달라졌다. 포르투갈 리스본에서는 할머니에게 바느질을 배웠고 포르투갈의 전통 타일인 아줄레주를 구웠다. 프랑스 파리에서는 포토그래퍼와 사진을 찍었고, 센강 위에서 전통 춤을 배웠다. 서점이 소설과 에세이, 역사 등 다양한 창을 통해 여행의 의미를 알려 주는 것처럼, 관광지의 화려함만이 아닌 도시의 일상을 보려고 노력하면서 전보다 더 다채롭게 여행을 채울 수 있었다.

　보니의 요리책 서점, 아이들와일드와 돈트 북스는 일상을 새롭게 보는 눈을 키워 주는 서점이었다. 세 곳의 서점은 요리나 여행을 핑계로 찾아가 하루 종일 이야기를 나누고 싶은 조력자와도 같다. 요리를 하는 법을 알려 주고, 여행을 떠나기 위해 준비하면 좋을 것들을 상세하게 알려 주는 동시에 삶에서 요리가 얼마나 중요한 의미를 갖는지, 우리가 왜 여행을 해야 하는지를 알려 주는 친절한 선생님 같은 공간들이었다. 서점으로의 여행은 그렇게, 다시 나의 일상을 단단하게 다지고 새로운 세상으로 발을 넓힐 수 있는 방법을 알려 주었다.

에필로그 　　　　　서점을 여행하는
　　　　　　　　　독자들을 위한 안내서

여행에서 돌아와 보니 서른 권이 넘는 책을 샀다. 표지만 봐도 어느 도시, 어떤 서점에서, 무슨 생각을 하면서 고른 책인지 생생하게 기억이 난다. 이 책들에는 그날의 공기와 나의 기분, 함께 책을 골라 준 사람들의 정성이 담겨 있다.

서점에서 새로운 책과 함께 새로운 사람들을 만났다. 책 추천을 부탁했다가 한 시간이 넘도록 대화를 나눈 서점 직원도 있었다. 단지 책을 더 많이 팔고 싶은 것이라면 한 사람의 손님일 뿐인 나에게 이 정도의 호의를 베풀 일은 없을 것이다. 서점들은 저마다의 방식으로 사회에 긍정적인 영향을 주고자 한다. 책을 파는 것보다 서점의 가치를 알리고 독자들과 교류하며 소통하는 것을 사명으로 여기고 있었다.

나에게 서점은 책을 사는 곳만은 아니었다. 새로운 경험을 하면서 나를 성장시키는 여행지였다. 여행을 가기 전에 현지의 날씨를 검색하고 언어를 익히는 것처럼 서점에 대해서도 공부했다. 기본적인 정보들을 찾아보고 관련 기사를 읽으면서 직원들에게 꼭 묻고 싶은 질문들을 준비했다. 서점에 전달하고 싶은 한국의 책과 잡지도 챙겼다. 내가 만난 서점의 직원들은 언제나 독자의 질문을 기다리고 있었다. 그리고 시간을 들여 자신의 이야기를 나누어 주었다.

서점에서 만난 사람들과의 대화는 나와 사회의 관계를 다시 생각할 수 있는 기회가 되었다. 어떤 서점은 마음의 안

식처가 되어 주기도 했다. 수많은 책 사이에서 보석 같은 책을 만난 일은 특별한 기억으로 남아 있다. 클릭 한 번으로 끝나는 인터넷 검색으로는 느낄 수 없는 발견의 가치를 깨달았다. 이전에 생각하지 못했던 이야기를 담은 책들을 만나면서 나의 세계가 확장되는 것 같았다.

뉴욕, 런던, 파리에서 스물다섯 곳의 서점들을 여행했고, 그중 가장 많은 영감을 준 열한 곳을 소개했다. 각기 다른 이야기를 품고 있는 서점들은 고유의 생명력을 지니고 있다. 원하는 책을 구입해야겠다는 분명한 목적을 세우기보다는 만남과 발견을 기대하면서 서점을 찾아보시기를 권한다. 낯선 경험을 기대하면서 떠나는 여행처럼, 열린 마음으로 서점의 문을 열어 보자. 새로운 사람, 새로운 세계를 만나는 여행의 가치를 서점에서 발견할 수 있을 것이다.

뉴욕, 파리, 런던의 서점에서 보내온 메시지

보니의 요리책 서점

고객이 서점에 들어올 때면 특별한 기분을 느낍니다. 그들은 눈을 크게 뜨고, 천천히 원을 그리며 서점 안을 둘러봅니다. 서점의 모든 구석을 살펴보고, 책장 위에서 바쁜 손을 움직입니다. 오래된 요리책을 발견한 저의 느낌을 공유하는 순간입니다.

요리책은 당신을 오래전의, 먼 곳으로 데리고 갑니다. 네브라스카의 대초원으로, 풍요로운 시기나, 우울했던 시기로도 데리고 갑니다. 당신이 슬퍼할 때나 화가 날 때에, 요리책은 당신을 북돋아 줍니다. 누군가 제게 불에 타서 없어져 버린 할머니의 1950년대 요리책이나, 1980년대에 문을 닫은 로컬 레스토랑의 레시피를 묻는다면 즐겁게 대답할 것입니다. 서점에서 저는 기억을 나누고, 레시피를 추천합니다.

물론, 여러분은 요리책을 온라인으로 구매할 수 있습니다. 하지만 당신은 서점 주인이나 다른 독자와의 값진 만남을 놓치게 되는 셈입니다. 서점에 와서 책을 보고, 만지고, 냄새도 맡아 보세요. 당신에게 의미가 있는 책을 찾으세요. 집에 가져가서, 읽고, 보고, 요리하고, 친구들이나 아이들과 나눌 수 있는 레시피를 배워 보세요. (보니 슬롯닉Bonnie Slotnick)

아이들와일드

책과 언어, 여행에 관심이 있는 독자를 만나는 것은 언제나 즐거운 경험이고, 아이들와일드에 영감을 불어넣는 일입니다. 계속 읽고, 배우며, 세계를 여행하시길 바랍니다. (데이비드 델 베키오David Del Vecchio)

돈트 북스

당신이 우리 서점에서 시간을 보내고, 런던과 세계의 서점을 탐방할 기회를 가졌다니 기쁩니다. 당신이 구매한 책과 좋은 기억을 쌓고 우리를 다시 찾아주세요. (사만다 미슨Samantha Meeson)

아거시

당신은 책의 힘을 믿는 사람입니다. 책을 통해 독자와 저자가 만나고, 독자와 나라, 세계가 연결될 수 있다는 사실을요. 인류는 책과 함께 400여 년을 보냈습니다. 디지털 미디어와 달리 책들은 우리의 책장에 각기 다른 빛깔을 띠고 서서 조용한 친구처럼 우리 주변을 둘러싸고 있습니다. 아거시 서점은 책이 사라질 거라고 생각하지 않습니다. 이야기가 사라지지 않는 것처럼 말이죠. (주디스 로리Judith Lowry, 나오미 햄플Naomi Hample, 아디나 코헨Adina Cohen)

스트랜드

스트랜드의 문을 여는 것은 날마다 새로운 발견을 하는 일입니다. 스트랜드는 우리가 지키고 발전시켜 나가기 위해 노력하는 공간입니다. 우리의 18마일 서가에 호기심을 가진 모든 이들의 방문을 환영합니다. 긴 서가 사이에서 길을 잃기를 바라면서요. (리 알트슐러Leigh Altshuler)

부키니스트

서적상은 책을 파는 사람 이상의 친구가 됩니다. 그들이 새로운 작품과 작가의 세계로 이끌어 주는 귀중한 친구죠. 책과 책을 사는 사람들의 우정을 통해 인생은 계속됩니다. (프랑스 작가이자 부키니스트 장 루이 크리몽Jean-Louis Crimon)

주

1 _ Franceinfo, 〈Paris: les bouquinistes bientôt classés au patrimoine culturel de l'Unesco?〉, 2018. 4. 25.

2 _ RTBF, 〈Les bouquinistes, "antiquités de Paris", veulent être classés à l'Unesco〉, 2016. 6. 18.

3 _ LITHUB, 〈INTERVIEW WITH A BOOKSTORE: HOUSING WORKS BOOKSTORE CAFE〉, 2015. 11. 23.

4 _ LITHUB, 같은 글.

5 _ 〈Bluestockings Bookstore: A Look Into Collective Organizing〉, Fourth Arts Block, 2015. 5. 6.

6 _ 블루스타킹스의 섹션 구분은 온라인 숍에서도 확인할 수 있다.
https://squareup.com/market/bluestockings-bookstore

7 _ 블루스타킹스에서 일하는 이들은 모두 파트 타임으로 일하는 자원 활동가들이다. 블루스타킹스는 자원 활동에 대해 수평적인 분위기에서 서로가 서로를 북돋아 주는 공동체라고 소개한다.

8 _ 블루스타킹스에서 진행되는 이벤트의 일정과 내용은 블루스타킹스 페이스북 페이지에서 확인할 수 있다.

9 _ 한철우, 〈한국·영국 두 나라의 아주 다른 성소수자 인식〉, 《한국경제》, 2017. 5. 15.

10 _ 게이스 더 워드에서 진행되는 이벤트의 일정과 내용은 게이스 더 워드 페이스북 페이지에서 확인할 수 있다.

11 _ William Brougham, 〈Gay's The Word London Bookstore Interview - Jim McSweeney〉, 2015. 9. 2.

12 _ Ruth Brown, 〈Owner of NYC's iconic Strand Books dies at 89〉, 《NEWYORK POST》, 2018. 1. 3.

13 _ Annie Correal, 〈Want to Work in 18 Miles of Books? First, the Quiz〉, 《New York Times》, 2016. 1. 15.

14 _ Stephanie Strom, 〈Louis Cohen, 87, Rarities Expert And Founder of Argosy Book Shop〉, 《New York Times》, 1991. 1. 6.

15 _ Stephanie Strom, 같은 글.

16 _ Janet Malcolm, 〈The Book Refuge - Three sisters keep a family business going〉, 《The Newyorker》, 2014. 1. 23.

17 _ Anthony Mason, 〈Welcome to Argosy Bookstore, Manhattan's hidden gem〉, 《CBS NEWS》, 2016. 8. 22.

18 _ Janet Malcolm, 같은 글.

19 _ Cajsa Calson, 〈London's Libreia Bookshop〉, 《COOL HUNTING》, 2016. 2. 29.

20 _ "테크 시티는 런던 동부를 IT 메카로 육성하기 위한 프로젝트다. 구글, 인텔, 애플 등 1500여 개의 글로벌 IT 기업 및 스타트업이 입주해 유럽 최대의 테크 허브로 성장했다. 영국인들은 이 지역을 일컬어 미국의 실리콘밸리에 비견되는 영국의 실리콘 라운드 어바웃(roundabout)이라고 부른다."
박재현, 〈런던 슬럼가의 변신…테크기업 몰리는 '디지털 혁명' 허브로〉, 《경향신문》, 2017. 6. 7.

21 _ Lindsay Baker, 〈Could this be your new favourite bookshop?〉, 《BBC》, 2016. 3. 25.

22 _ Alex Clark, 〈Libreria bookshop: where literature and lattes don't mix〉, 《The Guardian》, 2016. 2. 21.

23 _ Nora Maynard, 〈Reading Cookbooks Like Novels: Bookseller Bonnie Slotnick〉, 《Ploughshares》, 2013. 9. 12.

24 _ Susan Cohen, 〈New Yorker Spotlight: Bonnie Slotnick Take Us Through Her Greenwich Village Cookbook Store〉, 《6sqft》, 2014. 8. 29.

25 _ Marley Spoon, 〈when it comes to cookbooks, Bonnie Slotnick is better than the internet〉, 《The Spoonful》, 2016. 5. 27.

26 _ 김유진, 〈영국 돈트북스 매니저, "다양한 서점 많아야 책 문화 융성"〉, 《경향신문》, 2017. 9. 18.

북저널리즘 인사이드   서점에서
                              가치를 발견하다

파리의 문화를 알리는 서적상, 시민들의 기부로 만들어지는 뉴욕의 서재가 있다. 성 소수자를 위한 서점은 정체성에 대한 고민을 나누려 하고, 페미니즘 전문 서점은 각자가 당당하게 살아가는 삶의 가치를 강조한다. 거대한 보물선에 올라탄 것 같은 중고 서점도, 주목받지 못한 여성 작가의 작품만을 출판하는 곳도 있다. 사방이 책으로 둘러싸인 《바벨의 도서관》을 닮은 서점, 언제든 찾아가 삶에 대한 조언을 구하고 싶은 조력자 같은 서점도 있다.

서점은 책을 파는 곳이지만, 저자가 여행한 서점은 책이 아니라 가치를 파는 곳에 가깝다. 이들의 철학은 서점이 다루는 책의 종류와 범위, 분류 방식, 워크숍의 내용이나 매장 내부의 행동 지침을 통해서 방문객에게 전달된다. 고객은 공간에 머무는 동안 서점의 철학을 체험하고 열성 독자로 성장한다.

저자는 서점이 독자의 마음을 잡아끄는 방법과 함께 여행가로서, 독자로서 성장해 나가는 과정을 기록하고 있다. 저자는 서점을 통해 새로운 나를 발견하고, 타인과 공존하는 법을 배웠다고 말한다. 낯선 문화를 체험하고 새로운 사람과 만나면서 성장하는 과정이 여행이라면, 저자에게 서점은 훌륭한 여행지가 되어 주었다. 열린 마음으로 서점의 제안을 받아들이고, 질문을 던지면서 서점의 가치를 온전히 경험하는 이야기는 독서가의 여행기인 동시에 성장기이다.

꼭 뉴욕이나 런던, 파리 같은 화려한 도시의 유명한 서점이 아니어도 괜찮을 것 같다. 서점에서 가치를 발견하는 것은 결국 적극적인 독자의 몫이기 때문이다. 좋아하는 것이나 필요한 것에 대한 생각은 잠시 접어 두고, 서점의 제안에 귀기울인다면 어떨까. 골목길의 분위기가 녹아 있는 동네 책방, 주인장의 취향이 담긴 책들이 진열된 작은 서점에서도 우리는 여행할 수 있을 것이다.

곽민해 에디터